宋学范爷爷的故事

郑建邦教授题

朱学范爷爷的故事

金山区教育局　编

顾宏伟　黄　萍　主编

徐建国　编撰

上海人民出版社

在朱学范故居复馆仪式上的讲话
（代序）

朱培康

今年是父亲诞辰 115 周年。

我父亲的一生是积极求索的一生；是不断进取的一生；是从一名普通产业工人到中国劳工运动的领袖，从一名民主主义者到杰出的爱国民主活动家的一生。

让我记忆犹新的是，父亲在秦城监狱被关押七年半。1972 年，在周恩来总理的亲自关怀下，我母亲带着我们兄妹几个去秦城看望父亲。他独自被关押在一间小屋子里。没人说话，睡觉时不能关灯，只能面朝大门，一翻身就被叫醒，没有书籍可读。极爱干净的父亲，穿着破旧的棉袄，惨白的面孔，毫无血色。见到我们的第一句话竟然是："我相信我所选择的道路是正确的！"

这是一条什么样的道路，能让父亲即使在秦城监狱中也不动摇，并且坚持走完一生呢？

父亲于 1905 年出生在上海一个下层市民的家庭。从小目睹码头工人的辛苦及入不敷出；目睹"华人与狗不得入内"的牌子；目睹洋人欺凌中国劳工。所有这些刺痛了他幼小的心灵，激起了对劳苦大众的巨大同情，并在心中朦胧升起了要为劳工说话伸冤的愿望。从此,为劳苦大众改善生活和提高社会地位成了他毕生追求的理想。

通过自己的努力,1931 年底,他被选为新成立的上海总工会主席。1935 年被推选为中国劳动协会常务理事。1939 年 12 月,父亲当选为劳协理事长。他在认准的道路上又向前迈出了一步。

之后父亲与周恩来总理的两次会面,更坚定了他与共产党合作的决心。1945 年 8 月,毛主席在重庆和谈期间约请父亲在上清寺桂园见面。这次见面使父亲认识到:只有共产党的主张,才真正符合工人阶级和全国人民的根本利益和共同愿望。

认清形势,做出抉择。1946 年 11 月 18 日,父亲在上海《联合晚报》公开发表声明,反对国民党政府强迫中国劳协把解放区工会排斥在外的企图;反对伪国大,声明自己绝不参加这一非法的一党国民大会。声明发表的当天,父亲离开上海去到香港。此举惹恼了国民党当局。父亲在香港被实施暗杀,所幸为路人所救。

至此,他确立了跟中国共产党走,永远接受共产党领导的坚定立场!1948 年 3 月 21 日,父亲从哈尔滨给李济深发出的信中强调指出:"在今天民主革命斗争中,站在领导的地位,只有由中共坚决领导才能得到革命的最后胜利。不但如此,将来革命胜利后,在民主建设中,中共是第一大党来领导建国的工作。这是一个现实问题,我们要承认的。"由此父亲的理想和观点明告天下。

70 年后的今天,我们再来看这段文字,应该说是完全正确的。此次的新冠疫情就是最好的例证。没有中国共产党的领导,没有广大群众对党的信任和支持,怎么会有今天平安祥和的生活!?

父亲晚年回忆自己一生时,曾经深情地说:"我历数自己在中国工会运动实现统一、团结道路上的脚印,步步都有共产党人扶持我迈步向前的印痕。当我在中宵探索的时候,是共产党人给我带来了曙光;当我颠簸困顿的时候,是共产党人伸出了有力的手为我扶持;当我坚定地走向革命道路的时候,是共产党人给我指针。"

父亲的一生坚持了他的理想,走完了他选择的道路。他申请加入中国共产党,党中央批复:"你在党外所起的作用,比在党内更重要!"父亲是第一位盖着国旗走的党外人士。我想,父亲的一生无憾了!

感谢大家!

2020 年 6 月 12 日

(作者系全国人大常委会副委员长、新中国第一任邮电部长、民革中央主席朱学范之子朱培康。朱培康曾担任民革中央副主席。此文由朱培康女儿朱宏根据朱培康即席讲话记录整理,并经朱培康审阅认可。文中提及的李济深,时任民革中央主席。)

目 录

1. 朱家"七官"剪小辫

1905年,注定是不平凡的一年。1905年,俄国爆发革命。1905年,中国创立同盟会。1905年,詹天佑设计的中国第一条自建铁路京张铁路开工。

也是在1905年,这一年的6月12日,农历五月初十,在上海老北门附近的红桥一带,一户朱姓家庭出生了一个婴儿。这男孩长得虎头虎脑,天庭饱满、地阁方圆,尤其是两只耳朵更是大得出奇。他的第一声啼哭,宏壮、嘹亮。一家人听了,欢天喜地。

父亲朱寿山,原籍浙江省嘉善县枫泾镇,即现在的上海市金山区枫泾镇。母亲张氏。之前,他们已经有了6个孩子,现在又添了一个,感到生活的重担又重了许多。因为排行第七,父亲就给他起名"七官"。当时的人们,给自己的孩子起名时,都喜欢带个"官"字,希望他长大后做个大官,光宗耀祖。后来这个男孩真的光宗耀祖了,为中华民族!他就是我们这本故事集的主人公,闻名中外的工人运动领袖、全国人大常委会副委员长朱学范爷爷。

朱学范出生的时候,正是中国沦为半封建半殖民地的时候。清王朝积贫积弱,外国列强在中国的土地上横行霸道。中国的有识之士,都在以自己的方式谋求着国家的强盛、民族的复兴。这

1

其中,尤以孙中山领导的同盟会影响最大。1905 年 11 月 26 日,中国同盟会机关报《民报》,首次提出了"民族""民权""民生"三大主义。一场革命的大风暴即将来临。

1911 年,6 岁的朱学范开始上学。父亲是当铺店员,因此,朱学范上的是典质职工子弟小学。进了学校,有了小伙伴,朱学范的眼界开阔了。社会上发生的大事,学校里发生的新鲜事,他都似懂非懂地听着,思考着。

有几天,在上海城区老北门的城墙上,每天下午三四点钟,总会出现一个 6 岁左右的小男孩。他头戴瓜皮帽,身着青马褂,脑后还拖着一根细细的小辫。只见他麻利地爬上城墙,踮起脚不断地向远处眺望。他看到的是川流不息的人群、红黄蓝白黑的旗子。他,就是朱家的七官。

一天,七官发现原先悬在大人脑后的辫子不见了。他感到非常奇怪,就去问父亲。父亲告诉他,人们脑后梳辫子是满族人的打扮。当年满族贵族建立清王朝后,强迫汉人像满族人一样前额剃光,脑后留一条辫子,甚至提出了"留发不留头"口号;现在,我们推翻了清朝的统治,实现了五族共和,自然就不用留辫子了。

七官又去问学校里的老师。老师告诉他:"红黄蓝白黑代表着我国汉、满、蒙、回、藏五个主要民族,五色旗就是表示五族共和。"七官听了就问:"什么是'五族共和'?"老师告诉他:"'五族共和'就是五族一家,表示民族平等、民族团结的意思。"

七官听了,兴奋地说:"好!我也要像大人一样,剪掉小辫子,悬挂五色旗!"父亲听了,说:"小孩子,留着辫子也挺可爱的,就不要剪了!等大了再剪,好吗?"七官听了拼命摇头。可父亲就是不给他剪辫子,他就决定自己想办法。一天七官放学回家,看看父亲、母亲都不在,就操起了母亲针线笸箩里的剪刀,来到母亲的镜台前,对着镜子,撩起脑后的小辫,"咔嚓"一下,剪去了那条挂在脑后的小辫。

母亲回家,看到七官脑后没有了辫子,忙问是怎么一回事。七官大声地说:"爹爹和老师说了,那是清朝皇帝强迫我们汉人留的。现在五族共和了,就不应该留那条辫子!"母亲摇了摇头,轻轻地叹了一口气,说:"剪掉也好!"

2．上街演讲斥日货

　　转眼 8 年过去了，七官成了同学眼中能言善辩的朱学范。就在这一年，中国发生了一件大事，那就是五四运动的爆发。说起五四运动的起因，真让人生气！1919 年 1 月，作为第一次世界大战的战胜国之一，中国派代表参加"巴黎和会"。照理，在这个和会上，中国定像其他战胜国一样，多多少少会获得一些战败国的赔偿。可是，帝国主义列强非但没有给中国任何好处，反而坚决拒绝了中国代表的合理要求，将战败国德国在中国的一切权益转让给了日本。消息传回国内，群情激愤。

　　1919 年 5 月 4 日，3 000 多名北京学生在天安门前集会，会后举行了声势浩大的示威游行，高呼"外争国权，内惩国贼""誓死力争，还我青岛""废除二十一条"等口号，要求拒签和约、惩办亲日派官员。学生的爱国活动遭到军警的镇压。运动很快波及全国。为声援学生，上海工人罢工、商人罢市。运动的中心由北京转移到上海，运动的主力由学生变为工人。

　　此时，朱学范已经转学到了敬业小学高小部上学。5 月 9 日，学校开纪念会，老师们慷慨演说，激发了全校师生齐伸正义、共驱国贼的爱国热忱。纪念会结束，师生们手执写有"誓雪国耻，还我河山""人心未死，争还青岛"等字句的小旗，高唱《国耻歌》上街游行。各校学生纷纷上街募捐经费,散发传单,宣传抵制日货,洗刷墙上的日本商品广告。朱学范与同班同学凌其翰分别发起组织学生救国团,每个团有几十个同学参加。他俩各带一个团,到鳗鲡桥、鱼行桥一带宣传。朱学范向商店借了长凳,站上去就演说起来。他越说越激动,禁不住热泪汪汪。因为大声演讲,不久,朱学范的喉咙就哑了,但他仍坚持上街做宣传活动。

每次上街宣传,总有不少人围拢过来听讲并鼓掌。朱学范他们放学后就在朱慧同学家集合,天天如此,竟有一月之久。当时人们特别注重抵制日货,学生救国团首先从自己做起,从书包里取出日本调色盘,纷纷扔进垃圾堆。商店将日货收起,专售国货;有些商店将国货、日货分开陈列,声明卖完日货不再进日货;有些商店高悬白旗,上面写着"提倡国货,挽回利权""止进日货,不售日货"。上海城内各条街上气象为之一新。

在全国各地学生、工人和各界群众的斗争下,北洋政府迫于压力罢免了亲日派官员曹汝霖、章宗祥和陆宗舆的职务,拒绝在对德和约上签字,五四运动取得初步胜利。五四运动是一次彻底的反帝反封建的爱国运动。在运动中,工人阶级以独立的姿态登上政治舞台,显示了伟大的力量。五四运动促进了马克思主义在中国的传播,促进了马克思主义与工人运动的结合,为中国共产党的成立做了思想上和干部上的准备。朱学范在五四运动中得到了锻炼,为日后从事工人运动打下了坚实的基础。

3. 目睹扛包"野鸡工"

1921 年,朱学范从敬业小学高小部毕业,考入虹口区南浔路圣芳济学堂读英文。这是一所法国人办的学校。从家里到学校,大约有三四公里。朱学范由于家境贫寒,上下学都是步行的,这一路要经过十六铺、新开河、外滩、外白渡桥。他日日往来其间,目睹了黄浦江中停泊的各国兵舰、中外货轮、江中如树叶般穿梭往来的中国船民的小舢板。

当时的黄浦江边,码头一个挨着一个。有码头,必得装卸货物,而那时装卸货物全靠人工。不像现在装卸货物全靠机械。正像一首歌中唱的:"大吊车,真厉害!成吨的钢铁,它轻轻地一抓就起来!"

装卸货物的工人,有长工也有"野鸡工"。什么是野鸡工呢?所谓的"野鸡工"就是临时的短工,今天来明天走,只要有力气扛得动货物就行,按时间或按件领取工钱。这些人,衣衫褴褛,大多在 20—50 岁之间,但也有十三四岁的儿童和六七十岁的老头。

朱学范每天早晨上学走到外滩码头时,"野鸡工"已经在扛货了。只听到"杭育、杭育"声此起彼伏。扛货中分量最轻的是扛草纸,一捆三四十斤,扛到五六百步外的栈房,一件给四个铜板;近些的栈房有二三百步远,扛一件给三个铜板。力气大的一次扛三

6

捆,而那些流浪儿童只能扛一捆。

扛货中分量较重的是麻包,包里装着食糖、杂粮,每包有150斤重。扛一个给8—10个铜板,但要扛上二层或三层栈房,每扛一包后要挨着排队,等前面的人都轮过了才能再扛一包。他们做工的时间是断断续续的。这批货多,就多扛一些时间;那批货少,就只能少扛一些。因此,他们工作的时间极不稳定,收入也极不稳定,过着有了上顿没下顿的生活。

扛货中最费力气的是杠棒工。他们两人一组,顺着斜斜的跳板,一前一后,扛着二三百斤以上的货物,晃晃悠悠从高如楼房的船上下来,每一步都似乎走在死亡线上。朱学范看着他们沉重的脚步,在晃动的跳板上移动,心里就发慌,怕他们掉下来。事实上,那些杠棒工确实因种种原因,经常从跳板上直接掉进黄浦江中惨死。因为危险,杠棒工的收入会高些。

有时,朱学范放学回家的时候,会看到装卸工人还在紧张地干活。那是为了把一条船卸完或装满,必须连续工作一天一夜甚至两天两夜。如果有人顶不住了,工头立即让别人顶替。因此,工人们为了养家糊口,不得不拼命干,累得吐血的大有人在。

而这样拼死拼活干活的工人,竟然还得将自己拼命赚来的钱,交一部分给包工头;否则,就没有活干。

这一切,在少年朱学范的脑海中,留下了极其深刻的印象,在他的心坎上埋下了对帝国主义压迫、剥削中国劳工的憎恨。

4. 转战多行进邮局

　　朱学范爷爷的读书生涯,在 17 岁的时候结束了,原因是他的父亲失业了,对这个多子女家庭来说,一时间吃饭都成了问题,再也无力承担朱学范几元钱的学杂费。他只能含泪辍学,去一家德国人开的啤酒行做"出店"。什么叫"出店"呢? 这个行当有点类似现在的送货员,或者快递小哥。他先去栈房提货,然后雇一辆三轮车,把啤酒送到老板指定的客户家里、店里。每月工资 15 元,比码头那些扛包的野鸡工工资高多了。可是,对一个文弱书生来说,每天把那一箱一箱沉重的啤酒扛上扛下,常常汗流浃背。一年后,朱学范爷爷竟累得吐了血,德国老板无情地解雇了他。

　　在家里养了几个月,身体渐渐好起来了,再说家里的经济条件确实太差了,因此,他的哥哥朱竹安又托人将他介绍进了一家名为"亚洲机器"的美国公司做记账员,每月工资 25 元。收入多了,也不用干体力活,但朱学范却高兴不起来。为什么呢? 因为这是在外国的公司,为外国的老板赚中国人的钱。

　　不久,他听说中国政府在上海设立了邮政局,正在大量招考邮政职员。朱学范毅然辞去了"亚洲机器"的活,积极报考上海邮局。经过紧张的考试,他终于被录取了。收到录取通知书的那一天,他特别高兴! 为什么? 因为终于在中国人的邮局,为中国人服务了!

开始,他的身份叫"邮务生",进了邮局要到各个部门实习:卖邮票、分拣信件、收包裹、开汇票。最后,他被分配在栈房。栈房就是邮局的分拣仓库,朱学范的工作是登记收发的邮袋,按全国不同地区将邮袋分别堆放。现在这个工作都是机器操作,那时全由人工完成。三班倒:早班从早上6时到下午2时,中班从下午2时到晚上10时,夜班从晚上10时到次日凌晨6时。每个人都是轮班的,就是说,有时上早班,有时上中班,有时上夜班,其余时间休息。每月工资28元。

朱学范凭自己的能力,考进了上海邮局,家里的人都为他高兴。为什么呢? 当时有个说法:考进海关,那叫"金饭碗";考进邮局,那叫"铁饭碗"。因为,当时的邮局实行公务员制度,从职员到差工,一律招考录用。朱学范凭着在法国人办的圣芳济学堂读的英文底子,考进了上海邮局。他的父亲朱寿山,他的哥哥朱竹安,还有朱家的亲朋好友都为他骄傲。当时的邮局还有个好处,那就是工资是按工龄定期晋级加薪的。

他觉得,这个制度好。他暗暗地下了决心,我一定要好好干,争取早加薪、多加薪,努力减轻爸爸、哥哥的经济负担。所以,任何事情,他总要做到十分满意。比如,如果发现一个地区的邮袋数目与登记的数目不符,他就要把所有的邮袋重新核对,直到查核清楚,再移交给下一班。

可是不久,他发现一个奇怪的现象,上海邮局的局长,竟然是个英国人,叫希乐思。不仅上海,当时全国30多个省市,除甘肃等四个边远省份,其余省市邮局局长都是外国人。更让人气愤的是,外国职员和中国职员的工资差别非常大。就说那个希乐思,他的月工资居然是2025个银元,比朱学范整整高出了70倍。这还不算,希乐思的司机,希乐思上海住宅中的花匠、厨师、仆役,他们的工资都由上海邮局支付。

帝国主义对中国人民的经济剥削,给年轻的朱学范上了一堂生动的政治课。

5．"五卅"结识李立三

1925年发生的日本内外棉七厂"大班"枪杀顾正红的事件，让年轻的朱学范结识了中国共产党早期领导人李立三。从此，朱学范投入了轰轰烈烈的中国工人运动，最终成长为著名的工人运动领袖。

鸦片战争后，广州、厦门、福州、宁波、上海五地，作为第一批通商口岸对外开放。凭借从不平等条约中获取的政治、经济特权，西方列强除继续向中国走私鸦片之外，还争相通过通商口岸对华倾销商品，从中国掠夺原料和农产品，并建立租界制度。租界，实质就是"国中之国"，帝国主义通过一系列不平等条约，取得了领事裁判权、片面最惠国待遇及在通商口岸租地造屋的特权。

5月15日，日资内外棉七厂工人、共产党员顾正红带领工人群众与日本资本家进行说理斗争时，遭到了资方的开枪射击。17日凌晨，巡捕房医院传来消息，顾正红因伤重不幸逝世。邮局的支局遍布全市，邮差的脚印走遍上海的每一个角落，因此，顾正红被枪击和逝世的消息，在邮局职员中传得很快。而租界当局严密封锁舆论，不许报纸登载惨案的消息。5月24日，内外棉纱厂工会在谭子湾举行公祭顾正红大会。参加公祭大会的几位邮工将顾正红英勇牺牲的事迹在邮工中间传开后，朱学范和栈房的职工开始酝酿支援纱厂工人的斗争。一时间,在上海掀起了一股反对帝国主义的洪流。

5月30日,上海的大中学学生、内外棉纱厂罢工工人、各行业职工分头进入公共租界进行演讲宣传。下午1时,在南京路演讲、示威的学生、工人群情激愤,他们高呼:"上海是中国人的上海!""我们已经准备牺牲一切!""为顾正红烈士报仇!""打倒帝国主义!""取消一切不平等条约!"

突然,一个凶恶的外国巡捕,像恶狼似的扑向一位演讲者,一拳把他打下了站立的邮筒,并狠狠地掐住演讲者的喉咙。邮局职工冲过来给了这个外国巡捕一巴掌,巡捕慌忙吹起了警笛。随着警笛声,八九个外国巡捕围拢过来,抓住了好些正在演讲的工人和学生,把他们押送到老闸捕房看守所。看守所内此时已经关满了学生和工人,他们高喊:"还我自由!"拍桌子,撞击墙壁,敲打门窗、铁栅栏。演讲示威总指挥为了救援被捕的学生和工人,通过通讯员把分散在各条马路上的演讲队向老闸捕房门前集合,包围老闸捕房,迫使巡捕房立即释放全部被捕者。

下午3时,老闸捕房前已经群众云集、水泄不通,口号声此起彼伏,传单满街飘飞,气势十分雄壮。3时45分许,英国捕头召集全班巡捕,排列在老闸捕房门口,离示威者不足3米远。突然,捕头下令"准备!""瞄准!""开枪!"顿时,南京路上血流成河,酿成了震惊中外的"五卅惨案"。

帝国主义者的枪声,惊醒了全上海人民。在中国共产党的领导下,上海结成了以工人阶级为主力,联合各阶级、各阶层的反帝爱国统一战线,实行罢工、罢课、罢市。伟大的五卅爱国反帝运动,从此轰轰烈烈地开展了起来。5月31日晚,李立三在宝山路代表21万工人宣布成立上海总工会。当晚12时,上海外滩的海关大钟刚刚敲响,各厂汽笛齐鸣,铃声震耳。21万工人首先罢工。

5 万学生随即罢课。商人响应号召开始罢市。

惨案发生后,上海邮局全体职工纷纷捐款支援罢工工人。工友们公推朱学范将捐款送到总工会。李立三亲自接待了朱学范,并在百忙中了解了邮局职工的动态,鼓励他积极参加这一伟大的反帝爱国运动。他还嘱咐朱学范回去后,要对大家说:"全上海的邮工要团结起来!"

从 1925 年投入五卅罢工和邮局罢工起,朱学范开始了从事工人运动的生涯。

6. 参加邮局大罢工

　　五卅惨案后,帝国主义对上海人民尤其是工人群众进行了残酷的镇压。黄浦江上帝国主义的军舰到处横行,公共租界中外国军队的炮车队、骑兵队、海军陆战队,到处都是,上海陷入了白色恐怖之中。但正如中国人民的伟大领袖毛泽东所说的那样:哪里有压迫,哪里就有反抗;压迫越烈,反抗越强。上海总工会决定举行全市大罢工。于是,由商务印书馆工人带头,报界工人响应,邮局职工参与的罢工斗争开始了。朱学范参加了这次罢工。

　　1925 年 8 月 16 日,上海邮局各基层单位积极分子在闸北集会,讨论组织工会和参加罢工问题,最后由罢工委员会连夜起草《罢工宣言》。第二天,罢工委员和朱学范等工人代表到达北四川路桥邮局大厦,分头到各车间进行宣传,张贴、散发罢工传单。罢工纠察队也全体出动,手持木棍,站定岗位,控制要道。一时间,罢工的局面迅速从上海邮政总局扩展到全市各个支局,参加的人员从邮务生到差工,共有 1 500 多人。

　　面对风起云涌的邮局职工罢工,帝国主义及其走狗采用了"文""武"两手,企图瓦解罢工的工人。他们先来"文"的一手,邮政当局派出一位副邮务长与罢工代表谈判。面对罢工代表提出的"提高职工工资""缩短工作时间""停止再进洋员"等七条要求,负责谈判的副邮务长态度强硬,全部拒绝。在全体罢工职工的坚决支持下,罢工代表与副邮务长据理力争。

看到罢工工人不肯屈服,上海邮政当局又来"武"的一手。他们要求租界捕房调派便衣侦探、巡捕来邮局干涉。便衣侦探、巡捕进入分拣、封发信件的"出口间",开枪打伤邮工数人。罢工工人不怕威胁,坚决斗争,要求租界捕房撤出有关人员,并赔偿医药费。租界捕房只得撤出便衣侦探、巡捕。

敌人一计不成又生一计,侦探、巡捕刚刚撤走,又来了二十多个英国水兵。他们公然在邮局内巡行,在天井里架起机关枪,对参加罢工的邮政职工进行恐吓和威胁。邮局外,租界捕房的警备车一直在邮局大厦周围巡逻。

双方僵持了三天,上海的邮政通信全部停顿,在社会上引起了不小的震动。各国领事馆想乘机恢复"客邮局",即各国自办的邮政通讯机构,以便侵占中国的邮政管理权。邮政当局又以此为借口,将责任全部推到罢工职工的头上,被罢工代表严词驳斥。

北洋政府害怕上海邮局罢工继续扩大,特派交通部次长从北京赶来上海,处理邮局职工罢工事件。经过艰难的谈判,邮局职工获得了每人每月 10 元以下不等的地区津贴;当局同意成立上海邮务工会。当罢工委员会将此结果告诉工人时,朱学范和大多数工人同意这两个条件。于是,罢工委员会宣布复工,罢工取得了完全的胜利。

罢工的胜利,使朱学范和其他邮局职工扬眉吐气、兴高采烈。在随后举行的上海邮务工会成立大会上,朱学范被推选为栈房间工会小组代表。从此,朱学范走上了反对帝国主义的工人运动道路,并逐渐在斗争中成长为工人运动的领袖。

7. 交涉科长威信高

朱学范参加邮局大罢工取得胜利后,又参加了共产党领导的上海工人三次武装起义。1926 年 7 月,国民革命军开始北伐。1927 年 2 月,国民革命军攻进了杭州。3 月 21 日,北伐的国民革命军抵达龙华。下午 3 时,工人纠察队冲进上海火车站北站,缴获了军阀孙传芳驻军的一批武器装备,并连夜送往上海总工会纠察队总部。上海邮工胜利地完成了上海工人第三次武装起义中的任务。

1927 年四一二反革命政变发生后,蒋介石对上海工人进行了血腥的大屠杀。上海总工会被查封,大批共产党员和工人领袖被杀害。上海的工人运动遭到了极大的摧残。朱学范因参加上海工人的三次武装起义,在一片白色恐怖中逃到了枫泾嫂嫂家避难,上海邮务工会被迫停止了活动。

4 月下旬,朱学范回上海邮局上班。此时,国民党上海市党部成立了"清党委员会",并派人到上海邮局组建"清党小组"。5 月 3 日,上海邮务工会改选,国民党的爪牙当选为上海邮务工会的执行委员。因为没有群众基础,那些爪牙受到了邮务工人的坚决抵制,他们无法在工人中开展工作,甚至连工会会费都收不起来。"黄色"工会不到半年就垮台了。

1927年底,经各工会小组长选举,正式产生了新的一届上海邮务工会委员会,一位无党派人士当选为工会主席,包括主席在内的5人当选为常务委员。朱学范当选为执行委员兼交涉科长。

这一届邮务工会针对上一届邮务工会对国民党唯命是从,甚至杀害热心为工人谋福利的工会领袖的罪恶行径,主张专心为工人谋福利,热心为群众办好事,因此在群众中威信很高。

四一二反革命政变以后,上海邮政当局变本加厉地压迫工人,不仅第一次国内革命战争时期工人争取到的福利被剥夺,而且对工人因参加工会活动耽误上班时间记过处分,上级职员对下级职工随意斥骂,巧立名目扣罚职工的工资。广大职工纷纷到工会诉苦,要求新一届工会主持公道。

新一届邮务工会真心为职工办实事。比如,当时有个叫陈鸣道的信差在骑车送信时摔伤了脚,病假超过六个星期。邮局非但不去慰问,反而停发了他的工资,造成他们一家生活困难。经过工会与邮政当局交涉,邮局不仅同意送陈鸣道去医院就医、医药费全部由邮局报销、治病期间工资照发,而且补发了以前扣发的工资;伤愈后,因陈鸣道脚残无法骑车送信,就改任内勤。

工会还为工人解决了年终奖金、地区津贴等问题;争取了给邮务生、拣信生每月加工资5元,信差以下工人加工资2元。这样一来,上海邮务工会在邮局职工中的威信就更高了。工人们积极参加工会组织的活动,积极缴纳会费,因此每月会费又恢复到了六七百元。

8. 为搞工运入青帮

　　杜月笙是上海青帮中势力最大的头子。在中国民间,自古以来都有帮会,远的如清代的白莲教,近代如上海的青帮、洪帮。这是一种原始形态的民间秘密团体,有的还拥有武装。参加的成员主要是破产的农民、失业的手工业者、流氓无产者,后来也有现代产业工人、知识分子,以至中小民族资本家参加。这些民间秘密团体有好的一面,如团结起来与压迫他们的官僚、地主、帝国主义进行斗争。也有不好的一面,如与帝国主义、买办官僚、中外资本家、政客互相勾结、欺压百姓。

　　在上海搞工人运动,是无法绕开帮会势力的。而处理与帮会的关系,共产党有过血的教训。李立三在早期领导工人运动时,不理睬帮会,结果资本家就利用青帮,使浦东日华纱厂工人的罢工归于失败。后来党吸取了这个失败的教训,指派李启汉加入青帮,但由于轻信青帮头子,被其出卖,工作也失败了。鉴于此,朱学范的好友陆京士建议,他们两人拜上海青帮最有势力的头子杜月笙为先生,将青帮势力引入上海邮局,以便更好地开展工人运动。

　　上海的主要工厂、大百货公司、公用事业、码头、报馆都在租界或越界筑路地区,中国政府的施政无法到达那里。朱学范他们要在劳工界打开局面,必须在租界有个靠山。而朱学范当时在邮务工会担任执行委员兼交涉科长,要同社会上的各方人物打交道,其中经常碰到的难办事情就是信差被流氓欺侮。这些流氓都是帮会中人,他们仗势欺人,与他们无理可讲。只有利用帮会势力才能震慑他们,从而保护邮局职工。而杜月笙呢?他觉得邮局职工能拜在他的门下,是一件很有面子的事,因为邮局是国民政府办的,局长又是外国人,在社会上很有地位。

青帮发展组织有"收徒弟"和"收学生"两种。收徒弟仪轨复杂,收学生比较简单。1928年的一天,朱学范与陆京士向杜月笙送上门生帖子,并在杜公馆向杜月笙行三鞠躬,就算完成了拜师仪式。

1931年,杜月笙在浦东高桥兴建了杜氏祠堂,国民党和政府的显要人物从蒋介石起都送了大礼。作为杜月笙门生的朱学范送不起大礼,他就刻了一个庆祝杜氏祠堂落成典礼的纪念邮戳,专在高桥邮政支局使用。这在当时算是别开生面,让杜月笙很有面子。照理,私刻纪念邮戳是违反邮局章程的,但由于党政要人都纷纷向杜月笙祝贺,慑于声势,邮政当局只好默许。

为了巩固在青帮的地位,朱学范加入杜门以后,还参加发起成立了"恒社"。恒社徽章为圆形图案中间有一铜钟,外壁围以新月。"钟"表示发声之源,"声"与"笙"同音,加上月牙,就成为"月笙"。杜月笙非常支持恒社的活动。

从此以后,朱学范搞工人运动,有了一个很好的掩护身份。

9. 筹建邮务总工会

不久,朱学范参与筹建全国邮务总工会。1929 年 12 月,在上海北四川路邢家桥上海邮务工会,举行了第一次全国邮工代表大会,成立全国邮务总工会筹备委员会。会议推举陆京士等 5 人为常务委员会委员,后又增推朱学范等 2 人为委员。

筹委会成立以后,首先碰到的难题是在国民党中央备案的问题。因为当时的国民政府《工会法》,没有成立全国性产业工会的规定。大家群策群力,引用已经生效的《特种工会组织条例》,以邮政工会为特种工会的理由,向国民党中央办理报备手续。国民党政府百般阻挠,朱学范等筹委会成员巧妙应对,将所拟《特种工会法》草案由各地邮务工会盖章联署报送国民党中央,一边报送一边继续筹建全国邮务总工会。

1930 年 7 月,筹委会讨论通过了《各地邮务工会统一章程》及《实施细则》。各地邮务工会据此组织成了一个全国邮务工会系统,其中包括上海、南京等共 24 个地方邮务工会。而就在筹委会决定举行全国邮务总工会成立大会前,国民党中央命令阻止这个大会。筹委会就改在 1932 年 7 月,在南京举行全国各地邮务工会联席座谈会。座谈会上讨论了:邮政改良建议,工人生活待遇,工会组织训练,救国御侮方针建议。其实,这就是第二次全国邮工代表大会。

朱学范作为上海邮务工会的代表参加了会议。国民党中央、南京市党部、交通部、南京市政府等派人参加。会议开了4天,选举了全国邮务工会第一届执行委员和监察委员,成立了全国邮务总工会。朱学范、陆京士等9人当选为执委会常务委员。

当时的中国,内忧外患,派系林立,中国工人运动也处于分裂状态。但全国邮务总工会却成了国统区工会的主要支柱,其原因有四:一是邮局机构遍及全国,因此全国大小城市均有邮务工会,声势大;二是邮局职工的文化程度普遍较高,邮政与社会各方面联系密切,邮工的行动对社会的影响大;三是邮务工会的会费收入有保障,活动经费充裕,甚至还可以支援当地的其他行业工会;四是邮务工会为各地邮工建立了一些福利设施,开展了一些文体活动。因此,全国邮务总工会的工作搞得有声有色。

如1932年5月,全国邮务总工会发起"巩固邮基运动",要求:裁并储汇局,停止补贴航空公司,维护邮政考试录用制度,坚持以邮养邮。经过罢工斗争,为每位邮政职工争取到了每月增加津贴2元的待遇。因为邮政职工罢工影响全国,全国邮务总工会的名声在社会上渐渐响了起来。

抗战胜利后,国民党统治区各主要城市,如上海、南京、武汉、广州、福州、杭州等地的邮务工会负责人,都在地方总工会中担任主要负责人或常务理事,足见邮务工会在国统区工会中举足轻重的地位。

10. 支援淞沪抗日战

　　1931年九一八事变爆发，日本肆意侵略中国的行径，激起了中国军民的强烈愤怒。9月24日，上海10万学生罢课，35 000名码头工人罢工。10月初，80万工人成立"抗日救国联合会"。朱学范代表上海邮务工会加入联合会，并担任调查科长。当时，上海人民抵制日货，朱学范的调查科带领调查队，在任何一家商店一旦查出日货，就予以没收。

　　1931年9月26日，上海20余万人在体育场举行抗日救国市民大会，朱学范担任总指挥，上海邮务工会负责交通运输。大会通过"张学良应出兵抗日，实行征兵制，赴京请愿"等13项提案。大会结束后进行群众游行。由上海邮务工会会员骑脚踏车为先导，依党部、妇女、学生、工人、商人、农民依次行进，最后殿以童子军。沿途高呼口号，散发传单，群情激愤。

　　1932年1月28日晚，日军在上海闸北、江湾、吴淞等处，向上海守军发起猖狂的进攻，蔡廷锴将军带领第十九路军英勇抗击。由于上海广大人民群众尤其是工人阶级的积极支援，十九路军英勇奋战，粉碎了日军4小时攻占上海的狂言。上海军民奋战一个多月，使日军四易主帅，死伤万人以上，沉重地打击了日本的嚣张气焰。

　　一二·八事变后,朱学范以上海邮工童子军训练部长的名义,召集上海邮工抗日义勇军紧急会议,号召"国家兴亡,匹夫有责",要求大家发扬邮工光荣的革命传统,奔赴前线。并宣布成立邮工童子军战地服务团,进行战地服务、募集捐款、筹集粮食,设立难民收容所。邮工童子军不怕牺牲,冒着枪炮袭击和飞机扫射,深入前线进行战地救护、传递军情、报送密件。他们这种英勇坚毅的表现,受到了蔡廷锴将军的赞扬。

　　朱学范还组建上海邮工救护队,亲自担任队长,直属于中国红十字会。救护队50余人,其中女队员30人。他们将一辆绿色的邮政车漆上白色,加上红十字标志,权作救护车。邮工救护队到闸北宝兴路,找了一家已经空无一人的工厂做队部,立即投入救护和运送伤兵的行动。

　　上海各报每天大量报道全国人民支援十九路军的消息。这些报纸由邮工救护队送到吴淞前线后,给浴血奋战的十九路军官兵以极大的鼓舞。十九路军给朱学范发了一张委任状,任命他为运输服务队队长。凭着这张委任状,朱学范的救护车在前线通行无阻。

　　3月1日,日军在浏河偷袭登陆。十九路军被迫撤退,邮工救护队也分组撤离战场。沿铁路撤退的救护队员走到南翔火车站时,突然遭遇了一股日军。凶残的日军竟朝着臂缠红十字袖章的救护队员滥砍滥刺,三位队员当场牺牲。10月16日,在上海少年宣讲团礼堂为牺牲的邮工举行追悼大会。陆京士主祭,朱学范担任襄祭。各方人士送来挽幛挽联,朱学范的挽联是:"正气慑凶顽,视死如归,满地干戈多愤慨;丹心昭日月,舍生取义,万方袍泽共凄凉。"表达了对牺牲邮工的沉痛哀悼。

11. 组建抗日勇进队

1933年,朱学范在上海工人、店员中开始组织一个抗日救国的团体,叫勇进队。为什么要组织勇进队呢?那是因为朱学范爷爷自参加一二·八抗战后,对日本侵略中国的狼子野心认识得更清楚了。可是,由于国民党政府坚持实行"攘外必先安内"的所谓国策,百般阻挠人民群众自发的抗敌热情。为了不授人以柄,为了避免国民党上海党部的干预,朱学范爷爷在组建抗日勇进队的时候,既不用上海市总工会的名义,也不用中国劳协的名义,而是以个人的名义组建。

组织这个抗日勇进队,体现了朱学范爷爷清醒的政治认识和娴熟的政治智慧。他认为,如果日本在上海发动侵略战争,那么上海工人阶级应该站在抗日的最前线,与日本侵略军展开殊死的搏斗,捍卫国家的主权和人民的生活。勇进队有一名政治教官,三名军事教官。在组建全市性的抗日勇进队之前,先在各区成立分队。勇进队的分队长,多是上海市总工会所属工会负责人。

1934年,朱学范爷爷兼任民立中学秘书长,即召集各分队在民立中学操场进行集中操练,不久,又在南市公共体育场举行全体队员大检阅。到5月上海总工会举行第一次工人运动会的时候,勇进队担任了维持秩序的纠察队工作,朱学范爷爷担任这届工人运动会的会长。1935年,抗日勇进队已经发展到1 000余人,有了初步的训练基础,朱学范爷爷就正式成立了全市性的抗日勇进队。

在进行组织工作的同时,朱学范爷爷还进行了思想建设,创办了《勇进》半月刊,社址在九江路湖北路口华尊坊545号。《勇进》杂志有四句刊头语:"潜而不露,聚而不散,久而弥坚,进而必勇。"这四句话体现了朱学范爷爷在当时复杂的政治环境下,对如何开展勇进队活动的深刻思考。从中也可以窥见当时,在国民党当局实行"攘外必先安内"的政策下,工人要抗日是多么艰难。

1936年11月,在浦东的日本纱厂工人举行大罢工。上海市总工会召开紧急会议,决定支援罢工工人。朱学范爷爷带着抗日勇进队队员,打着"上海市纱厂工人请愿团到市府请愿去"的白布横幅,来到罢工工人举行大会的华德路黄兴路广场。此时,公共租界的巡捕、"包打听"及华界国民党政府的警察密探,也赶到了会场,准备大打出手。

为避免无谓的牺牲,罢工工人决定停开大会,改为游行请愿。抗日勇进队队员高举横幅领头,2 000余名罢工工人紧紧跟上,前往市政府请愿。游行队伍行进途中,不断遭到警察阻拦、冲击,到达市政府时,工人队伍只剩下了1 000余人。工人代表强烈要求政府为举行罢工的日本纱厂工人说话。

罢工工人坚持斗争。在各界的大力支持下,这次上海日本纱厂工人的反日罢工取得了胜利,震动全国。

12. 成为总工会主席

在实际的斗争中,朱学范爷爷的斗争本领越来越高强,在上海工人中的威望越来越高。因此,从1932年一二·八淞沪抗战结束,到1937年八一三抗战开始,朱学范爷爷一直是上海市总工会的主席。

上海总工会是在1925年五卅运动中诞生的。在第一次国内革命战争中,它号召上海工人在1926年到1927年举行过举世闻名的三次武装起义,在上海工人的心目中享有崇高的威望。可是,大革命失败后,蒋介石搞反革命的大屠杀,上海总工会被查封,被迫转入地下。国民党军阀陈群成立了上海工会统一委员会。国民党上海党部成立了上海工人总会。

这两个国民党的工会都以清除工会中的共产党力量为目标,但又相互对立,各自企图扩大自己的势力,最后,简直到了势不两立的地步。1928年5月,国民党中央不得不下令上海的这两个工会停止活动,派员进行整顿。

1931年九一八事变爆发,国难当头,上海工人阶级同全国各地的人民群众一样,群情激愤,要求抵抗日本的侵略。12月19日,在上海邮务工会举行全市工界代表大会,成立上海特别市总工会,选举朱学范等19人为执行委员。大会通过了《上海特别市总工会宣言》。而在同一天,浦东英美烟厂工会陈培德在黄金荣的支持下,在南市水电业工会召开大会,宣布成立上海市总工会。

于是,在上海市,同时出现了两个总工会,一南一北,互相对峙。它反映了国民党上海市党部以及青帮内部的派系矛盾。12月30日,在闸北邮务工会会址内,上海的两个总工会举行联席会议,决定合并成立上海市总工会。会议推举朱学范等工人运动领袖担任领导职务,朱学范为调解委员会召集人。

1932年1月28日,日军突然进攻上海,十九路军奋起抗敌。1月30日,上海市总工会即通令全市工友一致罢工御侮,并着手组织民众救护队,由邮务工会负责运输、交通等事务。总工会推定朱学范爷爷为辎重队队长。1月30日,上海市总工会电请国民政府对日宣战。1月31日,朱学范爷爷等工会领导人率领各公会组织的义勇军2000余人与十九路军司令蔡廷锴将军接洽,请求开赴前线。

一二·八淞沪抗战,把全上海的工人和市民动员了起来。战争结束后,朱学范爷爷被选为上海市总工会主席。可是,由于南京国民政府公布的《工会法》,不允许成立县、省、全国总工会,因此,上海总工会当时仍处于"非法"地位。因而,朱学范爷爷开展工会工作困难重重。

而更大的困难则来自西方资本主义国家的干涉。当时,上海重要的企业和工厂都在租界范围内,而租界有治外法权。外国资本家仗着各国在中国的特殊权力,阻止租界内工厂的工人组织工会。

13．创办大公通讯社

在工人运动中，朱学范爷爷发现了一个奇怪的现象，那就是工人的罢工斗争大多以失败告终。经过仔细研究，他觉得这主要是因为当时上海的工人罢工大多是自发的、分散的，缺乏相互的支援，力量单薄，还要遭到中外资本家的阴谋离间，国民党军警的残酷镇压。

朱学范爷爷是邮局出身，深知消息传递的重要性。有鉴于此，他决定创办一个通讯社，专门采访罢工消息，报道工会活动。经过与上海市总工会几位常务委员商量，决定将通讯社的名称定为"大公"，社址就设在九江路华蕚坊，并亲自担任社长，下有编辑、总务、记者。从此以后，朱学范爷爷无论白天工作多忙，每晚总要到大公通讯社，与编辑商量研究编发通讯稿的具体事宜。

他还联络在《申报》《新闻报》《时事新报》《时报》等各大报馆工作的恒社弟兄，尽量采用大公通讯社的通讯稿。从此以后，上海各处的罢工消息及时刊于各报，尤其是《申报》登载的工潮消息最多。最后发展到有些小厂工人罢工，工人自己主动来大公通讯社要求登报，因为他们认定，这是上海工人自己的通讯社。

朱学范爷爷通过在大公通讯社的工作，认识了不少工人，建立了与上海各处工厂工会的联系。工人认为朱学范爷爷、大公通讯社为他们说话。由于报纸报道了工人的斗争消息,他们的罢工活动得到了社会的同情和支持,有些斗争取得了比较满意的结果。因此,这些工人和工会就成了上海市总工会和朱学范爷爷的坚定支持者。

朱学范爷爷在领导上海市总工会的工作中,还发现了一个现象:工人与资本家进行罢工斗争时,需要散发传单向社会宣示。可是,印刷厂由于种种原因,不肯接受印刷任务:有的印刷厂是不敢接,怕印了会给自己惹麻烦;有的是因为印数少,怕亏本,不愿接;有的则是因为印刷厂要价太高,工人付不起,因此也无法印刷。

朱学范了解到这一情况后,就与上海市总工会的同事商量,决定办一个印刷厂,专门承印工厂、企业和工人的来件。印刷厂取名叫"合作印刷所",地点在南市浜桥金家坊。合作印刷所的创立,不仅解决了工人、工会印刷难的问题,而且营业情况相当不错,其收入成为维护和发展大公通讯社的经费主要来源。

大公通讯社还有一个经费来源,那就是各大报馆支付的稿酬。大公通讯社受到社会重视,与1932年5月1日全国邮务总工会发起的"巩固邮基运动"有很大的关系。这次罢工影响全国邮政通信,震动全国,而所有消息都由大公通讯社独家发布,各报采用。这使大公通讯社声誉大增,并改变了上海各大报不重视工运报道的状况。

14. 组建毅社助工潮

朱学范爷爷担任上海总工会主席后,面临的最大困难是总工会在租界各行各业中的影响非常微弱。外国资本家的工厂和企业,凭借治外法权,阻止租界内工人运动的开展,甚至发生日本资本家打死参加罢工工人的惨案,日本陆战队更是公开参加镇压中国工人罢工斗争的行动。

朱学范爷爷想到利用帮会的力量,扩大上海总工会在租界上的影响,并巩固自己在上海总工会的领导地位。当时,上海总工会的领导核心,都是帮会中人。主意一定,朱学范爷爷就开始在工会内部大量收"学生",第一批收了 4 人。接着在上海邮局内收"学生",第一批有 7 人,以后就广泛铺开。在租界内一些著名的企业如英商电车公司、公共汽车公司、电力公司、纱厂、橡胶厂、轮船拖驳行业,都收有"学生"。租界之外,以华商电器公司、闸北水电厂收的"学生"更多一些。

朱学范爷爷收"学生"的仪式,比当年他拜杜月笙为师的仪式更简单。"学生"递了门生帖子,送几元钱帖金,行一个鞠躬礼,就算是师生关系了。随着他收的"学生"越来越多,有人觉得应该建立一个社团把大家组织起来。经杜月笙同意,朱学范爷爷取"恒毅为立身之本"之意思,建立了"毅社"。并援引杜月笙为"恒社"

赞助人的先例,由朱学范爷爷担任赞助人,并设立理事会、监事会处理会务,社址就设在南市福佑路 117 号酱业职业工会里。

1936 年,爱多亚路(延安东路)浦东大厦落成,这是杜月笙主持的浦东同乡会经营的一座大厦。朱学范爷爷通过杜月笙的关系,在这个大厦内租了两个房间,正式挂起了"毅社"的牌子。朱学范爷爷还亲自设计了一个徽章。图案是圆形的红色底板,中心是一本翻开的书,书的周围是环形的链条。"红色"代表朱学范爷爷的姓"朱","书"影射"学"字,"环形"影射"范"字,"链条"表示团结互助之意。凡加入毅社的人,都得到这个徽章作为标志。

毅社以"我为人人,人人为我"为口号,提倡互助合作、互相帮助。到 1935 年,加入毅社的职工达到一千几百人,他们分布在上海华界、租界各行各业,成为上海帮会在工会里的最大社团。毅社的迅速发展,引起了帮会各帮口的注意,冲突也不断发生,由于杜月笙的支持,都顺利地获得了解决。

杜月笙的门人在各行各业都有头面人物。在工会方面,他主要通过朱学范爷爷来扩大他的势力,因此,他对朱学范爷爷十分信任。也因为这一点,毅社在很多行业的工厂企业里,渐渐取得了优势。毅社的核心人员,渐渐进入各自所在工会的领导层。他们又以结拜兄弟、姐妹的形式,结交了大批工人来扩大势力。就这样,朱学范爷爷通过自己的一千几百个"学生",和他们这些"学生"的"学生",与各行各业的工会及其基层组织,建立了牢固的联系。

有了这样的关系,朱学范爷爷搞工潮就顺利多了。我们不得不佩服朱学范爷爷高超的政治智慧。

15. 受命担任支队长

1937年7月7日夜,日军在北平西南宛平县卢沟桥附近举行军事演习,借口一名士兵失踪,要求进入宛平县城搜查,被中国军队严词拒绝。日军随即发动进攻,中国守军第29军将士奋起还击,七七卢沟桥事变爆发。这一事变,标志着日本全面侵华的开始。

七七事变发生时,朱学范爷爷正在从欧洲返回中国的途中。在从法国马赛启程的邮轮上,他听到了蒋介石在庐山发表的谈话,心情非常激动,感慨蒋介石终于决定抗战了。在邮轮上,原来餐厅主管将朱学范爷爷安排与日本乘客同桌。朱学范爷爷表示,由于日本对中国的全面侵略,日本已成中国的敌国,他不愿与敌国的人同桌就餐。于是,餐厅主管就调整了朱学范爷爷的餐桌。

8月7日,朱学范爷爷到达上海后,就去找杜月笙,要求他武装上海的工人阶级,组建抗日武装。杜月笙告诉他,上海各界已经在7月22日成立了上海各界抗敌后援会,他本人担任筹募委员会主任,负责筹募支援抗日部队的经费。杜月笙随即委任朱学范爷爷为抗日别动队第三支队支队长,编制1 500人。

接受任命后,朱学范爷爷从他自己的抗日勇进队里挑选了400名队员,又从各行各业工人中动员了一批人,在龙华寺集中,召开成立大会。大会上，朱学范爷爷慷慨激昂，要求全队官兵精诚团结，抗日救国，奋勇杀敌，忠心报国。该支队下设三个大队，官兵着便装。大队长以上发马牌左轮手枪，中队长发毛瑟木柄6英寸手枪，士兵发步枪，少数士兵配有20发驳壳手枪。当时，中共上海地下党也派了一些人到朱学范爷爷领导的第三支队。这些地下党通过第三支队收集日军和汉奸的情报，送给当时中共情报机关负责人潘汉年。

八一三上海抗战坚持到1937年11月中旬，朱学范爷爷一直坐镇第三支队队部。他领导的第九大队驻防在真如、江桥一带，曾袭击过日军，擒拿过向日军飞机发信号弹的汉奸。国民党军队撤离上海的那天晚上，朱学范爷爷就住宿在第三支队队部，可是军队撤离时竟没有通知朱学范爷爷撤离。

朱学范爷爷对国民党军队的行为非常气愤。可是，这时满载日军的两辆大卡车正向枫林桥飞速驶来。朱学范爷爷他们手中只有手枪，无法抵抗，只得从后门撤往法国租界。但此时法租界的铁门已经关闭，随同朱学范爷爷一同撤离的人，只能涉水通过肇家浜进入法租界。

第二天，朱学范爷爷就去找杜月笙要解散费，以便遣散第三支队剩余的官兵。杜月笙就从上海各界抗敌后援会筹募委员会拨出几千元。朱学范爷爷用这笔经费，给每位军官发了6元，每个士兵发了3元。他在将自己的左轮手枪交还给杜月笙的时候，留下了25支毛瑟枪。后来铲除汉奸，用的就是这批枪。

16. 俄都再会李立三

　　朱学范爷爷在遣散第三支队官兵后,组织抗日锄奸队对甘为日本侵略军为虎作伥的汉奸进行了清除。多位锄奸队员在完成任务后被日本宪兵队逮捕、杀害。1936 年,朱学范爷爷代表中国劳协出席在日内瓦举行的第二十届国际劳工大会,并结识苏联劳工代表、全苏工会中央理事会主席什维尔尼克。

　　交谈中,朱学范爷爷向他表示,想到苏联看看工人阶级当权的国家里,工会是怎样工作的,工人的生活究竟如何。什维尔尼克非常友好地表示欢迎朱学范爷爷去苏联考察访问。于是,国际劳工大会结束后,朱学范爷爷到了柏林,办理了去苏联的签证。朱学范爷爷从日内瓦乘火车到柏林,换乘飞机到莫斯科。苏联邮务工会和全苏工会中央理事会国际部的同志接待了他。

　　交谈中,苏联的同志非常热情。朱学范爷爷也向苏联同志介绍了孙中山先生的联俄、联共、扶助农工的三大政策,并表示中国工人应当与苏联工人友好。一天,苏联工会的同志问他,愿不愿意与中国共产党的代表见个面。朱学范爷爷考虑后表示,他很愿意同中共的同志交换关于中国工人团结反对日本侵略的问题。

　　令朱学范爷爷意想不到的是,在莫斯科郊外一个公园中与他会面的,竟然是在上海五卅运动中结识的李立三。原来朱学范爷爷对自己秘密会见中共代表心情有点紧张,但见到是李立三后,就不那么紧张了。李立三是个健谈的人,他对朱学范爷爷说,目前国难当头,工会要团结,有事大家商量着办。全国工人要联合起来,反对日本军国主义的侵略。工会要为工人办事,他希望国统区的工会和解放区的工会双方合作。

李立三的这些意见,朱学范爷爷觉得合情合理,因此表示同意。通过这次秘密会晤,朱学范爷爷就与中国共产党达成了合作的默契。这次会晤,使朱学范爷爷对中国工人团结抗日,国共两党工会合作的前景,心里有了底。对他以后在工人运动中,坚持团结统一,坚持国共合作,反对分裂工人运动,反对破坏工人团结,反对阻挠国共两党合作,产生了极为重要的影响,也直接促成了他在重庆与周恩来的会面。

武汉失守后,中国劳协迁到了重庆。当时虽然实现了第二次国共合作,但国民党政府不愿放手动员全民的力量,对国统区工会运动多方限制,朱学范爷爷感到工作放不开手脚。1939 年 9 月,他在出席第八届国际工联代表大会和第二十五届国际劳工大会后回到重庆,要求会见驻红岩八路军办事处的周恩来同志。两人交谈甚欢。交谈中,朱学范爷爷受到启发,觉得在工会的国际活动中,中国劳动协会应该与陕甘宁边区总工会合作。周恩来对此表示极为赞赏。12 月 8 日,中国劳协在重庆召开第二届年会,朱学范爷爷当选为理事长。会议通过了陕甘宁边区总工会加入中国劳协的决议。从此,中国劳协成为中国工人阶级统一战线的组织形式。这一合作,体现了朱学范爷爷与周恩来同志的高瞻远瞩、深谋远虑。

17．接受美国捐助款

1941年12月7日清晨，日本海军的航空母舰舰载飞机和微型潜艇，突然袭击美国海军太平洋舰队在夏威夷的基地珍珠港，以及美国陆军和海军在瓦胡岛上的飞机场。太平洋战争由此爆发。这次袭击最终将美国卷入第二次世界大战，这个事件也被称为"珍珠港事件"。

战争爆发后，朱学范爷爷在美国一时不能回国，于是就进入位于波士顿的哈佛大学学习。在哈佛大学学习了两个学期，中间还去伦敦出席国际运输总工会执行委员会和国际劳工组织召开的联合海事委员会会议。从美国到英国的轮船常遭到德国潜水艇的袭击，飞机也常被德国飞机袭击，都很危险。为了不耽误学习，他常乘飞机来回。

一天，美国劳联和产联两大工会派人来看望朱学范爷爷，并告诉他，美国劳联和产联决定每年援助中国工人66.6万美元，委托中国劳协举办工人福利事业、帮助沦陷区工人迁往内地继续生产，以增强中国工业的生产实力。朱学范爷爷对此表示诚挚的感谢，并于1942年9月回国进行具体的安排，委托中华全国邮务总工会，通过接近沦陷区的各县邮局具体组织。同时派人到与沦陷区接壤的安徽省界首设招待所，以接待来自沦陷区的高级技工，介绍他们到重庆或其他城市参加工业生产。

中国劳协在重庆南岸海棠溪，设立一所招待所，免费招待从沦陷区内迁的技工的食宿，并附设一所小学，教工人子弟读书。在重庆市区设立工人职业介绍所，为内迁技工和其他失业工人介绍工作。两年里，劳协资助从上海、天津、香港等地来的 4 130 余名技术工人，到后方参加战时生产。

1944 年 12 月初，侵华日军攻到了贵州独山地区。重庆大受震动，仓促之间蒋介石打算迁都西昌。国民党军事上这一大溃退，给中南千百万人民造成了深重的苦难。湘桂、湘黔数百里崎岖道路上，几十万难民扶老携幼，颠沛流离，辗转挣扎，死伤相藉，其悲惨之状，非笔墨所能形容。为此，劳协派人在独山设立内迁技工招待所，在贵阳设立办事处，从贵阳到重庆沿途设立接待站，以技术工人为救济对象，发给旅途补助费，招待食宿，发售平价餐，设法解决交通工具或组织步行队，诊疗施药。这项工作，先后拨款 1 500 多万元，被救济的技工达 7 106 人。

朱学范爷爷一向重视兴办劳工教育事业，因为他觉得工人学了文化知识才能提高政治觉悟，才能提高技术水平。国家工业化的实现，工人生活状况的改善，同工人的文化素质密切相关。从1943 年到 1945 年，劳协在重庆地区兴办了 49 所劳工文化补助学校，朱学范爷爷亲自兼任劳工文化补习学校的校长。

劳协还兴办工人福利和文化教育设施。工人福利社的服务组负责发展劳协的个人会员，帮助工人在厂里成立互助会、读书小组；参加调解劳资纠纷，代表工人说话。在短短一年多时间里，通过各种渠道，劳协在工人中发展了 15 000 余名个人会员。劳协在重庆大梁子修建了一座工人电影院，并取名为"美工堂"，以纪念美国工人阶级对中国抗战的无私援助。

18．当选代表广结缘

1936年3月,朱学范爷爷作为中国代表,出席第二十届国际劳工大会。这是他初次当选中国劳工代表,也是他从事国际劳工活动的开始。中国因是第一次世界大战后和平条约的签字国,因此成为国际联盟的创始会员,同时也成为国际劳工组织的会员。

1933年5月,上海市总工会召开临时代表大会,由朱学范爷爷主持。在会上,他提出出席国际劳工大会的劳方代表应由工会推选,得到了大会的一致赞同。此前,出席国际劳工大会的劳方代表由指派工会负责人轮流参加。由于出席会议的劳方代表不懂外语,因而无法与各国劳工代表交流并开展活动。为改革此弊端,从此规定国际劳工大会的中国代表由朱学范爷爷固定担任。

1936年4月24日,朱学范爷爷乘坐意大利轮船康第威地号从上海启程。他原先买的是二等舱,为了节约旅费,到了香港,朱学范爷爷就换乘三等舱。经过新加坡、斯里兰卡、埃及到意大利,然后换乘火车到达日内瓦。同样为了节约经费,朱学范爷爷只住3法郎一天的旅馆。

6月1日,第二十届国际劳工大会开幕。在大会讨论国际劳工局长的报告时,作为第一个用英语发言的中国劳工代表,朱学范爷爷引起了各国劳工代表的注意。在发言中,他用英语向各国代表详细介绍了中国的经济和社会情况。

他说,首先,中国的生产是非常落后的。然后他分析了造成这种落后的原因。从内部原因说,是由于经常受到天灾的袭击;从外部原因说,是由于受到不平等条约的束缚和帝国主义的侵略。他举例道,外国货物在中国各地倾销,甚至深入内地小镇。这种倾销剥夺了当地人民销售他们制作的手工产品的市场。而且,外国不法资本家还利用自己攫取的治外法权进行疯狂的走私。根据中国海关的报告,仅在华北地区,仅从 1935 年 8 月 1 日至 1936 年 4 月 30 日,由于日本的走私而造成中国的损失就达 2 551 万元。

在发言中,朱学范爷爷还用详实的数据、真实的案例报告了中国劳工的悲惨生活。因此,他提请国际劳工大会通过决议以废除不公平待遇;提请国际劳工局局长去远东进行考察,以了解中国工人的实际情况,密切中国和国际劳工组织的关系。

朱学范爷爷在大会上用英语作的关于改善劳工待遇的呼吁,得到了各国劳工代表的关切与同情。会后,朱学范爷爷用自己节约下来的旅费,开展了广泛的交友活动,结交了美国针织业工会联合理事会主席等 13 个国家的 24 个工会负责人,并与国际劳工局局长、国际劳工大会秘书处主要工作人员建立了私人友谊。朱学范初次当选中国劳工代表,同北美洲、欧洲、南美洲、大洋洲和亚洲一些主要国家的工会朋友建立了深厚的友谊,他觉得非常欣慰。

19．为了海员争平等

第二次世界大战以前，在外国轮船上工作的中国海员为数众多。他们勤劳、勇敢、朴实，但文化水平低，大多担任炊事员、服务员、木工、铁工、电工等低级工作。外国资本家、包工头经常欺压他们，许多国家对中国海员奉行种族歧视政策，不准中国海员登岸。

第二次世界大战开始后，中国海员积极参加世界反法西斯战争。在大西洋、太平洋上，他们与其他国家的海员一样，冒着生命危险为盟国运输军火、物资。有一个中国舵手潘麟，在航行时遇到敌人的猛烈轰炸，他沉着勇敢，坚守岗位。英国女王在白金汉宫为他颁授了金质奖章。

1939年欧战发生，英国壳牌公司的四艘轮船被侵占荷兰的德军俘获。公司总管奉德国军部的命令，要将这些轮船开往德国。轮船上的中国海员拒绝为法西斯德国工作，德国当局就取消这些中国海员的失业救济金。荷兰工人募集数千资金，才使他们免于饥寒。

中国海员在海外身受种族歧视和不平等待遇，深深刺痛了他们的民族自尊心。他们渴望祖国强大起来，为他们作坚强的后盾。因此，抗日战争初期，他们在英国发起组织中国海员抗日后援会，支持祖国的抗日战争。他们把捐款和药品、医疗器材源源不断地寄送给宋庆龄。

美国根据租借法案,提出将运输船只租借给中国,调中国海员去这些轮船上,船上悬挂中国旗帜。因为他们知道,中国海员只要看到中国旗帜,就会奋不顾身,克服一切困难,去完成自己的神圣使命。

可是,这些与外国海员一样,冒着生命危险战斗在反法西斯斗争中的中国海员,仍然遭受着种族歧视和不公平的待遇。朱学范爷爷为此曾向国际运输工会联合会提出申诉。1944 年,该会制定的《国际海员宪章》第 11 条明确规定:"本宪章所列各项原则,同样适用于亚洲、非洲和东西印度海员,他们的待遇比白人海员差。应结束这种损害全体最大利益的事态,采取各种必要行动,以集体合同固定这些海员的工资和工作条件。"

1942 年 6 月,国际劳工局在伦敦召开联合海事委员会会议,朱学范爷爷为争取改善中国海员在海外的待遇作了两次发言,用准确的数据指出中国海员与其他各国海员同工不同酬的严重问题。他慷慨激昂地说:"我不明白为什么中国海员不能和别国海员享受同等的待遇? 他们做同样的工作,冒同样的危险,他们所遇到的生命威胁和一切惊险的机会与别国的海员们没有一点差别,为什么会有这种不平等的观念存在?"

朱学范爷爷的发言,得到了各国劳工代表的广泛同情和支持。大会终于冲破雇主代表的阻挠,通过了一项关于海员待遇平等的决议。那时,英国轮船老板不承认中国海员工会,拒绝与工会直接谈判。朱学范爷爷通过英国驻美国大使馆提出要求,应提高在英国轮船上服务的中国海员的基本工资,改善他们的生活待遇,并废除对中国海员登岸的种种限制。最后,中国驻英国大使顾维钧与英国战时运输部长李德代表中英两国政府,签订了《中国海员就业协定》,基本工资提高 65%,各项待遇也得到了相应的改善。

20. 英国援华委员会

　　中国全面抗战后,在欧洲各国中,英国工人援华抗日的热忱最高。朱学范爷爷在出席日内瓦第二十四届国际劳工大会后,于1938年7月到达伦敦,向英国工人介绍中国人民抗战的实际情况,积极争取他们援华抗战。英国援华委员会给了他很大的帮助。

　　朱学范爷爷在伦敦会见了英国援华委员会英国共产党党员乔治·哈代和汤姆,他们在中国大革命时期到过上海。他们陪同朱学范爷爷到煤矿工会基层组织,向矿工和工会工作者介绍中国工人抗战的情况,放映揭露日本侵略中国暴行的新闻纪录片。在英国援华委员会主办的中国抗日图片展览会上,朱学范爷爷认识了丽莉·劳伦斯和她的丈夫马丁·劳伦斯。马丁一家成了朱学范爷爷的好朋友,朱爷爷逗留英国一年多,马丁一家在此期间提供了诸多帮助。

　　1939年9月3日,英国对德宣战。在战时的伦敦,实行限额供应食品,一般工人的生活都很艰苦。马丁一家招待朱学范爷爷吃饭,只能熬肉骨头汤。喝了汤,再把肉骨头保存起来,下次再熬。这样周而复始,要熬上三次,才扔掉骨头,可见当时的英国是多么困难。就在这样困难的条件下,英国工人仍尽力以各种方式支持中国抗日战争。

1937年10月8日,英国全国铁路工人协会代表87个支部18 000余名会员,抗议日本武装侵略中国。10月11日,铁路工人和码头工人决定拒绝为日本货船装卸货物。英国全国劳工运动执委会倡议抵制日货,迅速得到比利时等10国工会的响应。1938年4月18日,英国店员及堆栈员联合会建议工党全国委员会抵制日货。

日本货轮"春茗丸"到米德尔斯堡,遭到英国码头工人的抵制。伦敦英国码头工人开会,主席说,如果我们决心失去半年津贴,则日本将断绝一切残杀中国妇孺的军械来源。当时,英国工人提出口号:"把反日运动扩大到英国各地!"在这样的口号下,他们组建了英国援华委员会,并在各地成立了分会。

朱学范爷爷在伦敦时,常去马丁的家,他们开党小组会议的时候,也邀请他列席。朱学范爷爷提出想会见英国共产党主席。经联系,英国共产党主席波立特与朱学范爷爷进行了友好的谈话。朱学范爷爷对英国共产党人给予中国工人反帝斗争的支持表示衷心的感谢,特别感谢英共中央委员会在中国全面抗战后,对中国工人和人民的支持。当时,英国共产党号召派医疗和救援队到中国,拒绝为日本船装卸货物,要求英国政府制裁日本,组织抗日示威,要求国际工会联合会发起支持中国人民的国际运动,来援助中国抗战。

波立特向朱学范爷爷询问了许多关于中国工人和人民抗战的情况,也询问了中国劳动协会与陕甘宁边区总工会的合作。朱学范爷爷坚定地表示:虽然中国工人和人民的武器非常落后,但中国幅员广大、人民勇敢,一定能取得抗日战争的胜利!波立特表示相信,并说:请你记住一句话,抗战结束后,你们国家的领土上就再也没有殖民地了!

21．中国劳协入工联

　　1938 年 6 月 2 日,朱学范爷爷作为劳方代表出席在日内瓦举行的第二十四届国际劳工大会。这次大会是在中国进行全面抗战后召开的,欧洲各国有很多人对中国抗战感到意外。朱学范爷爷参加大会的目的,就是想使我国的抗战得到更多的国际同情、争取国际工人的援华抗战。

　　大会期间,朱学范爷爷同各国代表旧友重逢,分外亲切。开会第一天,他就向各国劳工代表沉痛地说:中国工人在抗战中牺牲惨重,已有无数工人民众被屠杀,无数工人因工厂被敌人破坏而失业,流离失所。为确保人类和平,各国工人应当联合起来,采取有效办法,制止日本的侵略,援助中国抗战和救济中国工人。各国劳工代表对他的演讲纷纷热情响应,美国、加拿大、澳大利亚、法国的劳工代表都发表了同情中国的演说。

　　在随后举行的劳工组会议上,朱学范爷爷提出各国工会援华抗日的三项具体办法:一是针对日本向国外购买废钢铁、化学品、石油及其他军用原料甚多,请各国劳工共同对日本施行制裁,如运输工人可拒绝装货等;二是日本为购买大批军火,其输出品必采取倾销政策以获得进行侵略战争所需的资金,如各国抵制日货,则不但能制止日本对中国的侵略,且能制止日货对各国工业发展的莫大威胁;三是捐款救济中国工人。

朱学范爷爷的提案当场获得了通过。会议作出决议:出席此次劳工大会全体劳工代表,对于中国千百万劳工受日本之蹂躏与残害,表示十二万分的义愤;对于日本之侵略,用尽战争残酷办法屠杀中国民众,轰炸不设防的城市,毁灭大量建筑物,实行其侵略野心,表示痛恨。并决定:第一,各国有组织之劳工团体,应督促其本国政府实行国际盟约规定之经济制裁;第二,全世界有组织之工人团体,应用种种有力行动、有效办法,实行援助中国人民的抗战。

为答谢各国劳工对中国工人的支持和增进友谊,朱学范爷爷在会后分批招待各国劳工代表,并举行茶会招待各国记者和全体劳工代表,在茶会上放映了他从国内带来的抗日战争新闻片。日本侵略军在南京对无辜平民的大屠杀,激起了各国记者和劳工代表极大的义愤。

1938 年,朱学范爷爷与国际工会联合会主席席德林会晤时,提出中国劳动协会加入国际工会联合会的要求。席德林详细询问了中国劳动协会的组织情况,如:中国劳动协会有多少会员?是不是都缴会费?中国劳动协会能不能正常开会?各工会对抗日的态度如何?中国劳动协会还做些什么工作?朱学范爷爷都一一作了回答。

这次会晤,双方领导人就中国劳动协会加入国际工会联合会达成协议。1939 年 7 月 5 日,在国际工会联合会第八届代表大会上,中国劳动协会被批准加入国际工会联合会,并选举朱学范爷爷为该会理事。

22. 纽约会见罗斯福

1941 年 10 月，朱学范爷爷赴美国纽约，出席国际劳工组织非常会议。这次会议，是在欧洲战局出现非常情况下召开的。当时，法西斯德国、意大利已经占领了大部分欧洲；希特勒也在这一年对苏联展开了全线的攻击。而美国国内一些人，特别是资本家，还是只关注自己的利润，而以世界反法西斯战争为轻。

针对这些"孤立派"观点，美国总统罗斯福在白宫，向国际劳工组织非常会议发表了广播演说。在演说中，罗斯福提醒美国工人：应明晓保卫民主国家就是保卫自己；只有保障和平才能保障自由。他在演说中指出，中、英、苏的流血牺牲，就是为了争取自由。因此，他表示，美国应立即给予中、英、苏三国更多的物资。

朱学范爷爷听了罗斯福总统的广播演说，深受感动，立即写了一篇《听了美国总统向国际劳工大会演说之后》的文章，寄往中国抗战首都重庆，发表在中国劳动协会的刊物上。在这篇文章里，朱学范爷爷提了三个问题：

第一，怎样达到持久和平的目的？他认为，如果和平没有保障，劳工生活的改善就是一句空话。要达到和平，就必须先消灭破坏和平的祸根——法西斯的强暴侵略，使世界的战争早日结束，才能建立起自由和平的世界。

第二,法西斯消灭之后,是否就可以永免战祸,久享太平？他认为,在近代历史中,每次战争结束的时候,世界各国的政治家、外交家、经济学家,都为着处理战后问题而奔波忙碌。但其结果,除惩办战争罪犯,解除其武装,要求割地赔款,设立仲裁机关,订立各种条约外,很少有真正的善后措施。因此,常常是墨迹未干,战祸又起。

第三,听了罗斯福的广播,中国自己怎么办？他认为,现在劳工的生活,在法西斯的压迫下,固已不堪其苦,世界经济更因战争而破坏不堪。战争结束之善后问题,未雨绸缪,极其重要。应计划恢复之办法,导劳工生活走入更优裕的地步。则吾人首先对于《大西洋宪章》所列之经济方面者,应予以密切合作。

最后,朱学范爷爷总结说,吾人之流血奋斗以争取者,尤在于独立自主的原则。否则,抗日战争结束后,与上次大战相同,我国除遭受破坏外,仍将一无所获。听了罗斯福总统之言,吾人则尤应引以自励。

这届国际劳工组织非常会议结束后,罗斯福总统在白宫接见了出席会议的全体各国代表。白宫在华盛顿宾夕法尼亚大街,是一座不大的白色建筑,它是美国的象征。罗斯福总统与代表一一握手。朱学范爷爷握着罗斯福总统的手,用英语说了一句话:感谢罗斯福总统对中国抗战的支援。罗斯福微笑着向朱学范爷爷点了点头。

罗斯福总统对中国劳工和人民抗日斗争的支持,他的笑容,一直深藏在朱学范爷爷的心中。

23. 反法西斯联盟成

　　1938 年,朱学范爷爷代表中国劳动协会与陕甘宁边区总工会,在武汉共同发起成立中国工人抗敌总会。中国人民的抗日战争,是世界反法西斯战争在亚洲的主战场,为最终打败德、日、意法西斯侵略势力作出了重大贡献。1939 年 7 月,朱学范爷爷代表中国工人参加了在瑞士苏黎世召开的国际工会联合会第八届代表大会。

　　此时,德国、意大利、葡萄牙、奥地利和保加利亚等国的工会已被法西斯摧毁。英国和法国政府在人民群众的强大压力下,同波兰签订了军事互助条约,并发出《邀请苏联工会加入国际工会联合会》的提案,以促进国际工人阶级的团结。1939 年 9 月 1 日,德国法西斯对波兰发动了"闪电战"。9 月 3 日,英国、法国对德宣战,第二次世界大战全面爆发。想不到德国在短短一年多的时间里,占领了包括法国在内的欧洲十几个国家。

　　在严峻的形势下,各国工人阶级没有屈服于法西斯的淫威,在占领区掀起反侵略的斗争。这些国家的工人,迫切需要国际工人阶级的支援。1941 年 9 月,苏联伟大的卫国战争已经进行了 3 个月,全苏中央理事会邀请英国职工大会理事会派代表到莫斯科商谈。英国接受邀请,并于 10 月签订了建立英苏工会委员会的协议。决定两国工会团结合作,在反抗德国法西斯的战争中相互支援;全力支援苏联政府和英国政府所进行的粉碎德国法西斯侵略的战争;巩固两国的工业力量,以便大量提高坦克等武器生产;竭力支援被侵略国家人民的反侵略战争;组织两国工会之间的情报交换。

1942年1月1日,中、美、英、苏等26个与法西斯轴心国作战的国家在《联合国家宣言》上签字,标志着国际反法西斯统一战线的形成。以苏联为核心的一些国家工会,争取在英苏工会委员会的基础上,酝酿成立新的国际工会。之后,苏联工会代表团应邀参加英国工会第75届年会。在这届年会上,苏联代表提出:由于变化了的军事、政治和国际情况,英苏工会委员会应加强团结反法西斯同盟国工人阶级的活动,以更加迅速地粉碎希特勒德国及其同盟者。

24．英王接见朱学范

　　1945年2月，世界工会代表会议在英国伦敦召开。朱学范爷爷出席了这次大会，并当选为副主席。此次大会的召开，正值世界反法西斯战争行将结束之际，各国政府正面临着战后重建问题，而战后重建必须得到工人阶级的全力支持。因此，世界各国政府都非常重视这次会议，尤其是东道国英国政府。

　　在伦敦市长致欢迎词后，大会秘书长席德林宣读了英国首相丘吉尔的贺电。丘吉尔原来准备出席本届大会并亲致贺辞，因为要去雅尔塔参加苏、美、英三国首脑会议而无法出席。但他特派副首相到会，代表英国政府向世界工会代表们表示热烈的祝贺。

　　英国副首相在会议第二天，代表丘吉尔首相、英国工党、英国政府致辞，指出这次会议代表全世界绝大多数有组织的工人，相信会议一定会对世界产生深远的意义。在致辞中，他赞扬了在后方努力为盟军生产武器的工人，以及在沦陷区从事抵抗运动的工会积极分子。他强调，工会运动总是代表特定范围的人类利益。工会运动在国家范围内，但不是国家组织；工会同政府合作，但并不仅仅作为政府的工具；工会在政治团体中是独立的组织，工会运动拥护民主和自由；为了达到和平康乐的世界、有社会公正的世界，就需要统一。但统一不是同一，各国工人运动仍可以保持其不同的特色;统一意识不仅应超越各国,而且应超越各大洲;世界工会运动在保卫自由、和平、社会正义中,必将成为巨大的力量。

2月9日,英国劳工部长在宴会上致辞。他指出,在工会运动发展过程中出现了两种根本不同的差别:英国工会运动发生于政治运动之前,而有些国家的工会运动则由政治运动所倡导,有时成为其附属品。因此,要实现工会运动的统一,就要理解工会运动的起源和演变,如果要世界彻底改造,就要相互容忍、理解,重要的是尊重彼此的困难;工会运动对维护将来世界的和平,可能会发挥巨大的道义力量。

美国产联的代表在发言中指出,美国工人和所有参加产联运动的成员,都为罗斯福总统的再次当选而奋斗。他们希望结束这场战争,并从此不再爆发任何战争。苏联代表和朱学范爷爷都代表本国工人阶级作了发言,表示赞同结束战争的观点。席德林在讲话中强调参加旧金山会议和战后和平会议的国家代表团中必须有工会的代表。

中国驻英国大使顾维钧在发言中指出,国家代表团的组成由各国政府决定,但代表团内应该有工会代表。旧金山会议讨论成立经济及社会理事会时,应听取世界工会代表会议代表的意见。会后,朱学范爷爷告诉顾维钧,他是所有发言中最同情工会和最实际的。

在会议闭幕前的2月16日,英王乔治六世和王后在白金汉宫接见了代表会议主席团成员。乔治六世与朱学范爷爷等主席团成员合影留念。

25. 重庆拜会毛泽东

抗战胜利后,中国面临向何处去的问题,存在着两种命运、两个前途的尖锐斗争。中国共产党代表全国人民的意愿,真诚地希望通过和平的道路,建设一个独立、民主、富强的新中国。而以蒋介石为首的国民党统治集团,背离全国人民的愿望,在美国的支持下,坚持独裁内战的方针,阴谋发动大规模内战,以消灭中国共产党及其领导下的人民军队。

国民党统治集团在加紧内战准备的同时,迫于国内外要求和平的压力,声称要以政治方式解决中共问题。为了争取时间部署内战,1945 年 8 月,蒋介石连续三次电邀毛泽东赴重庆,共同商讨国际国内各种重要问题。为了争取和平,避免内战或尽可能地推迟全面内战的爆发,毛泽东决定与周恩来赴重庆与国民党谈判。8 月 28 日,毛泽东率中共代表团从延安乘专机到达重庆。

中共代表团抵达重庆的消息轰动了整个山城,重庆各界人士盛赞毛泽东的"弥天大勇""一身系天下安危"。毛泽东在重庆期间,接触各方人士,与知名政界、商界、民主人士广泛交流。在会晤交流中,毛泽东代表中国共产党表达了谋求和平的真诚愿望。他的气魄、胆识和才华,给人们留下了难以磨灭的印象,毛泽东受到了全国人民的热烈欢迎和社会舆论的高度赞扬。

在毛泽东会见的民主人士中,就有朱学范。9月10日,朱学范受到中共代表团的约请,到上清寺桂园会见了敬仰已久的毛泽东主席。毛泽东那天穿着一身整洁的蓝布中山装,身材魁梧健硕,态度谦逊诚恳,谈话机智精辟,充分体现了无产阶级革命领袖的风采、魅力,与当时重庆的国民党官僚的庸俗、贪婪形成了鲜明的对比。毛泽东主席向朱学范介绍了中国共产党的政治路线和政策,指出目前最迫切的事情是保证国内的和平,实施民主政治,巩固国内团结;所有政治上、军事上的分歧、问题,只有在和平、民主、团结的基础上,才能求得合理的解决。

毛泽东对中国向何处去的判断,对中国共产党关于和平建国的各项主张的深刻阐述,使朱学范认识到,中国共产党的主张,完全从中国人民的根本利益出发,是全国人民的共同愿望。交谈中,朱学范也简要地向毛泽东主席介绍了劳动协会的情况,特别报告了与解放区工会团结协作参加国际活动的情况,表达了实现全国工会运动统一的愿望。毛泽东主席边听边频频点头称赞,他用郑重的语气说:"你们的工作做得很好!我支持你们!"

毛泽东主席的谈话,使朱学范对当时迷离复杂的局势,有了比较清醒的认识。国家的富强,人民的幸福,完全取决于国内和平、民主的实现。朱学范爷爷从自己多年从事工人运动的经验中认识到,中国的工人运动是和民主运动紧密联系在一起的;工人运动从本质上讲,就是民主运动。毛泽东主席的谈话,增强了他为争取和平、民主而努力的决心和信心。

26. 腥风血雨较场口

　　国民党反动派一面装出和谈的样子以麻痹人民,一面暗中加紧破坏和平的罪恶阴谋。1946年2月10日发生的重庆较场口事件,彻底暴露了蒋介石"假和平,真反共"的真面目。

　　那天,劳动协会从重庆南岸、江北、沙磁区组织500余名工人,编成三队,在劳协干部的带领下,打着"中国劳动协会"的横幅,前往较场口参加庆祝政协会议成功大会。大会举行前一天,国民党政府派人给朱学范爷爷送来信函,警告朱学范爷爷和他的劳动协会,不得参加较场口庆祝会,被朱学范爷爷义正辞严地顶了回去。朱学范爷爷认识到大会举行时,国民党特务可能会捣乱,因此给劳动协会规定了两项任务:第一,动员工人群众参加庆祝大会;第二,如有人在会场捣乱,务必保护政协代表和民主人士的安全。

　　事情果然不出朱学范爷爷所料,劳动协会的队伍来到较场口的时候,发现主席台前正中原定由劳协站立的位置,已经被身份不明者占据。劳协的队伍只能站在主席台右前方及附近一带,与共同发起召开庆祝政协会议成功大会的其他23个团体隔断了。朱学范爷爷因为去接一位著名民主人士,比劳协队伍稍晚才到达会场。他到达会场的时候,主席台上已经到达的著名民主人士有李公朴、郭沫若、马寅初、章乃器等人。

忽然，一个身穿黑袍、歪戴礼帽的家伙，跳上主席台大声叫道："时间到了，为什么还不开会?"有人回答"等人"后，那家伙立即大声喊："不行! 不行! 我们推举占全国人口80%的农会代表刘野樵先生为主席，立即开会!"那家伙的话音刚落，刘野樵立即跳上主席台，一把抢过话筒，宣布开会、奏乐、唱国歌。大会总指挥李公朴上前阻止，刚走近扩音器，台下正中那些来历不明的人立即喊打。他们跳上台去，揪住李公朴的胡子，一面拖一面打，将李公朴打到台下。郭沫若起身保护，左额立即挨了一拳，眼镜被打落在地。与此同时，台下一些人开始对劳协及其他发起单位的队伍乱骂乱打，现场一片混乱。

劳协的队伍在保护民主人士的时候，很多人被暴徒打伤，其中有4人被打成重伤。《新民报》《大公报》《商务日报》的记者，也遭到暴徒的毒打。和平的庆祝大会，被国民党特务掀起的腥风血雨，搅得阴云密布，一时间，较场口流满了革命者的鲜血。这就是中国近代史上著名的"较场口事件"。

较场口事件发生后，国民党反动派贼喊捉贼，指使刘野樵召开记者招待会，诬蔑劳协是破坏会场的暴徒、打手;诬告朱学范爷爷是较场口事件的指挥者，要求政府严厉惩办;后来，更是向重庆地方法院控告李公朴等人"公然聚众强暴胁迫扰乱集会并伤害他人身体"。朱学范爷爷竟然被那些政治流氓列入了被告的名单。朱学范爷爷等人，聘请著名的民主人士史良为辩护律师。最后此案不了了之。

在较场口事件中，朱学范爷爷领导的劳协，为争取民主而坚决斗争的立场，得到中国共产党、各民主党派和全国广大工人的支持，从而在国民党统治区掀起了反内战、争民主的革命浪潮。

27. 梅园新村见恩来

　　邓发是中国共产党的早期领导人,也是解放区工会的代表。1946年4月,在世界工联召开莫斯科执行委员会会议之前,突然遇难。因此,朱学范到南京中共代表团驻地梅园新村会见周恩来,询问由谁来接替邓发在世界工联的位置。

　　当时,蒋介石已决意撕毁政协决议,全面内战即将爆发,政治形势十分严峻。在梅园新村周围,遍布国民党首都警察厅和中统、军统特务,对到访中共代表团驻地的人员进行严密的监视、跟踪。朱学范因为情况紧急,只身叩开了周恩来、邓颖超居住的梅园新村30号大门。走进大门,迎面是一座灰墙红瓦的小楼,周恩来与邓颖超已在小楼门口等候。见朱学范到了,周恩来立即上前挽住朱学范的手臂,走进了左边的房间。这是他的会客室,摆设简单整洁,几张沙发,中间的圆桌上放着一碗雨花石。

　　朱学范一坐下,就对周恩来说,世界工联将在5月下旬于莫斯科召开执行委员会会议,出席会议的中国代表必须立即办理出国手续,否则会误了会期,问解放区工会由谁接替邓发遇难形成的空缺。周恩来沉思了一会儿,就说:"这个会议很重要,解放区工会一定派人参加。我立即请示中共中央,将很快派人去上海与你联系,请放心!"

之后,周恩来向朱学范详细了解了世界工联近期的活动,并仔细询问了解放区工会代表办理护照的可行性。朱学范答应尽力去办好,请周恩来放心。这次会见,周恩来与朱学范交谈的话题非常广泛。从谈话中,朱学范感觉周恩来最关心的事,就是解放区工会与中国劳动协会共同开展国际联络和宣传活动,与世界各国工会和工人群众建立广泛的联系。

朱学范告辞时,周恩来考虑到他的安全,与邓颖超只送到小楼台阶下,握手告别,而不是像以前两人见面时那样,要送出很远。那是因为如果送到大门外,周围监视的国民党特务,一定会找朱学范麻烦的。

朱学范回上海后,解放区工会接替邓发的刘宁一,就到哈同大楼中国劳动协会来找他。朱学范见到刘宁一,十分高兴。从他的谈话中,朱学范感到他对上海的情况非常熟悉,相信他一定能胜任世界工联执行委员会的工作。

在办理好出国手续后,朱学范与刘宁一共同出席了莫斯科世界工联执行委员会的会议。6月27日,刘宁一在大会发言介绍了中国工人,尤其是解放区工人的活动情况,说:"中国工会运动和活动,由中国劳动协会负责。中国工人拥护和平、民主,主张劳资两利,改善生活条件。中国工人坚决维护全世界工会运动的团结和统一。"

在这一届执委会会议上,刘宁一正式接替邓发的全部职务。各国代表特别重视他在发言中提到的,中国解放区和国民党统治区开展的工人运动,特别欣赏中国工人阶级结成的巩固的工人阵线。从此以后,刘宁一就成了朱学范与中国共产党,尤其是周恩来的联络人。

28．八六事件惊中外

　　1946 年 8 月 6 日清晨，重庆工人福利社、劳动协会分会及几个区的工人福利社，突然遭到随同国民党警察局刑警队来的重庆市总工会强行接管。福利社主任不肯签字移交，即遭逮捕；同时被捕的福利社干部、会员达 38 人。

　　这是国民党反动政府对中国劳动协会的蓄意迫害，是国民党政府继制造南通惨案、下关惨案，杀害民主战士李公朴、闻一多之后镇压民主和平运动的又一事件。早在 6 月间，国民党重庆市总工会通过决议，以"煽动工潮""危害治安""侵占美国捐款"的罪名，要求重庆市政府"紧急处置"劳协。8 月 3 日，国民党重庆市政府批准市总工会接收劳协设施的决议，于是发生了这个史书称为"八六事件"的闹剧。

　　事件发生后，重庆《新华日报》《民主报》等进步报纸及时进行了报道，揭露国民党反动派的暴行。身在上海的朱学范爷爷立即召集在沪理事举行临时会议，议定提交国民党政府的 4 条决议：一是立即释放被捕人员；二是查办此次不法行为的主犯；三是退出用武力强占的机构；四是保障工作人员的安全，制止同类事情的发生。为动员国内外舆论力量，劳协举行记者招待会，向世界工联、各大国总工会，特别是美国劳联和产联拍发电报，说明事情

58

真相。朱学范爷爷等三人去南京进行交涉。8月8日，朱学范爷爷在南京举行记者招待会，介绍事件经过，并在《中央日报》《大公报》上公布有关账目，戳穿国民党政府捏造的劳协贪污美国工会捐款的诬陷。

记者招待会影响很大。《新华日报》发表"声援朱学范先生的呼吁"的社论。上海市100多个工会组织的代表到劳协总会慰问。解放区职工联合会筹备会发来电报，抗议国民党政府的法西斯暴行，表示愿与劳协共同斗争到底。解放区工会负责人刘宁一在上海发表谈话，一针见血地指出：当局支持暴行，是为了配合全面内战。上海市总工会，上海市、区产业和职业工会，以及各基层工会，汉口市总工会，四川、成都、杭州等地邮务工会纷纷给劳协发来慰问电。

8月14日，朱学范爷爷等人代表《中国工人》周刊社，在上海大西洋西菜社举行文化界招待会，著名诗人臧克家、红色作家冯雪峰等60余人出席。当天晚上，郭沫若、茅盾、叶圣陶、周建人、许广平、田汉等68位文化界著名人士送来了慰问信。

国民党制造的八六事件，在国际上也遭到严厉的谴责。世界工联、英国工会大会、法国总工会、拉丁美洲劳工联合会纷纷来电声援。美国劳联执委会要求美国国务院调查事件真相，美国产联要求美国国务院责问此事。美国工人还给蒋介石发电报，要求认真解决劳协问题，否则，就会要求美国政府审查是否继续援助国民党政府。

蒋介石发动全面内战，完全依靠美帝国主义的援助，对国际舆论尤其是美国舆论特别忌惮。因此，国民党政府对朱学范爷爷加紧又压又拉，于是就有了蒋介石的庐山召见。

29. 庐山智斗蒋介石

蒋介石在庐山紧急召见朱学范，与美国政府施加压力有关，更与当时中国驻美大使顾维钧的一封急电有关。顾维钧在发给中国外交部的急电中宣称：

"据美国产业工会联合会国际部主任、救济委员会主任称，谓阅报悉中国劳动协会会所、服务所、诊疗所被封，职员被拘事件。该会已接援华总会驻华代表报告，不胜诧异。美国各界纷纷抗议，咸表愤慨。该会已电请美国务院调查，并准予派员赴华，要求中国政府返还被封所址，释放被拘人员，查明真相。"

顾维钧的这封急电，使国民党政府大受震动。他们还获悉，世界工联将于 9 月 16 日开会，可能讨论中国劳协问题，因此，由蒋介石出面找朱学范爷爷谈话，逼他就范。9 月 10 日，朱学范爷爷在庐山见到了蒋介石。一见面，他就向蒋介石简要陈述了八六事件经过，特别强调劳协福利机构是美国工会捐款办的，美国人对此非常关切。提出"释放被捕人员""退还被占机构""保证以后不再发生类似事件"的三点要求。蒋介石当即表示："可以这样办。"

当朱学范爷爷走出蒋介石会客厅时，碰上美国驻华大使马歇尔在客厅等候，他们相互打了招呼。他意识到，蒋介石的态度肯定跟美国的压力有关。但蒋介石仍不死心，他让手下告诉朱学范爷爷,要他回上海后发表宣言表明政治态度,并将解放区工会排斥出劳协;立即召开理监事联席会议,进行彻底改组;重庆福利机构由劳协和重庆市总工会共同组织。朱学范爷爷考虑到,在当时的情势下,若完全拒绝,怕不能顺利下山,于是表示回上海后仔细考虑。

由于朱学范爷爷回上海后采取敷衍推脱的办法,9月30日,上海社会局吴开先对朱学范爷爷下了最后通牒,逼他让出劳协领导职务。11月初,国民党政府再对朱学范爷爷进行威胁:重庆地方法院致函上海地方法院,送达对他的开庭审讯传票。朱学范爷爷都以"上海、重庆山水远隔,不能准时到庭"为借口予以搪塞。11月22日,朱学范爷爷在香港向重庆地方法院寄交辩诉状,对所谓的起诉书中开列的"共同贪污""主使密运枪械,妨碍秩序""共同预谋杀人"等所谓犯罪事实,进行逐条驳斥。

26日,朱学范爷爷以"参加国际会议"为由申请延期审讯,向重庆地方法院刑事庭提交申请状。12月23日,又以"在香港受伤"为由申请改庭期,向重庆地方法院刑事庭提交申请状。他这样做的目的,就是为了揭穿国民党法院审判的虚伪性,也为防备国民党政府以"迭传不到"为由,向港英当局提出引渡。

12月27日,重庆地方法院致函上海地方法院称:"朱学范一再抗不到案,拟派员代为拘提。"可那套把戏压不垮朱学范爷爷,也瞒不了世人的耳目。最后,国民党政府喧喧嚷嚷,上演了几个月的审判闹剧,不得不偃旗息鼓,自行落幕收场。

30. 拒绝参加伪"国大"

1946 年 10 月 11 日,国民党军队占领张家口。蒋介石被这"胜利"冲昏了头脑,当日下令召开国民大会,并要求中国共产党上交参加大会的代表名单,以向中国共产党施加压力。国民党擅自决定于 11 月 1 日召开国民大会,一开始就受到了中国共产党和进步民主人士的反对和抵制。

接到蒋介石的指令,中国共产党断然拒绝参加,并严正指出:"国民党政府片面决定召开国民大会,完全违反政协关于国大问题的决定,是非法的。其目的在于通过一个独裁宪法,以使内战合法化,使出卖国家和人民的利益合法化。"

民主同盟也坚决表示:"决不参加一党伪国大。"此时,国民党高层不断派人,威逼朱学范爷爷发表公开声明,将解放区工会排除出劳协。朱学范爷爷坚决不同意。一计不成又生一计,国民党高层派人带来他们拟就的文稿,让朱学范爷爷签字,他再次坚决予以拒绝。由于朱学范爷爷是劳工界选出的国大代表,国民党高层又不断派人极力拉拢他参加国民大会。

面对国民党政府的软硬兼施,随着伪国大开张日期的日益临近,朱学范爷爷去了一趟当时的首都南京,想了解一下美国的意向。他先到美国驻中国大使馆找司徒雷登,没有见到他。朱学范爷爷又会见了美国大使馆中的劳工参赞,向他表示不会参加国民党的国民大会。美国参赞表示,现在南京方面很乱,他也认为,朱学范爷爷不参加国民大会是对的。

当时,中国共产党、各民主党派,纷纷表示反对国民党召开国民大会,谴责国民党违反政协精神。有人把香港《解放周刊》刊登的文章给朱学范爷爷看,中国共产党将不参加国民党召开的国民大会的理由,陈述得非常清楚。从南京回到上海以后,朱学范爷爷决意不参加所谓的国民大会,他决心与国民党政府分道扬镳了。

朱学范爷爷从庐山见过蒋介石回上海后,觉得国际舆论很重要。于是他决定将中国劳动协会的情况,作一个国际的宣传。美国驻中国大使馆劳工参赞到上海后,朱学范爷爷就将有关劳动协会的工作和八六事件情况作了介绍。参赞听完后,建议朱学范爷爷举行一次外国记者招待会,让国际上知道中国劳协所做的工作。朱学范爷爷觉得这个主意好,立即着手准备,第三天下午3时在华懋饭店举行外国记者招待会。应邀前来出席招待会的中外记者共有30余人。在讲话时,朱学范爷爷向各国记者介绍了解放区工会的代表刘宁一,并特地介绍说他是出席莫斯科世界工联理事会议的理事。

这次招待会成功举行的消息,传到美国后,一位曾在中国工作过的美国女作家华伦苏,特地从美国向朱学范爷爷发来了贺电。

31. 《上海声明》表心迹

拒绝参加伪"国大"后，今后的路该怎样走，朱学范爷爷一时拿不定主意。他想听听中国共产党的意见，于是，他通过有关人员约请解放区工会的刘宁一见面交谈。

在法租界一个大公寓里，刘宁一向朱学范爷爷介绍了当时军事、政治形势。后来，又在汤逊家谈了一次。那天晚上，汤逊用他的汽车将朱学范爷爷接到他的家，刘宁一早就等候在那里。这回，刘宁一一开头就点出了正题，他对朱学范爷爷说："你不参加伪国大是对的，我们支持你，全国工人阶级都支持你。下一步棋怎么走？我们希望你发表一个声明，说明你不参加伪国大的理由。"

并说："这个声明发表后，国民党政府一定会找你的麻烦，你在上海就待不下去了。我们的意见是你到香港去。"听了刘宁一的谈话，朱学范觉得这是关系今后前途的大事，沉思良久，对刘宁一说："你的建议，我要再考虑一下，我一定会下决心的。"

这次会谈后的第二天上午，朱学范爷爷将国民党政府邀请他出席伪国大的请柬给劳协工作人员，让她去订飞南京的机票。并再三嘱咐，时间一定要在国民大会开幕前，不要耽误他参加会议。然后，他就安排去香港的行动。

去香港前,朱学范爷爷与劳协的有关人员拟定了一份公开声明,并决定等他到达香港后,再公开发表,以防备国民党特务狗急跳墙。声明全文如下:

由于政府企图不断摧毁劳工界之统一,强迫中国劳动协会排斥解放区工会于其组织之外,并强迫中国劳动协会公开反共。……政府强迫本人参加非法的一党国民大会,而此一党国民大会本人绝不承认其为能代表全国人民之愿望也。政府对此举不满,想伪造罪名,立即将本人予以逮捕。政府又图假借中国劳动协会名义发表一公告,反对共产党及民盟。但此决非中国劳动协会所同意,也决非工人所能允可。本人离沪赴港,因局势危殆,难以在沪继续活动,但本人奋斗仍将努力不懈。

朱学范爷爷的公开声明中文稿,由刘宁一通过新华社和其他进步报纸发表,英文稿由汤逊送上海外文报纸及国外发表。

刘宁一对朱学范爷爷说:"把劳协总会迁到香港,那里有中国共产党中央办事处。你可以去联系,他们会帮助你的。你在上海十分危险,还是早点走吧!"

1946年11月18日,上海《联合晚报》刊登了朱学范爷爷的声明,引起了极大的社会反响。国民党当局曾想迫使他发表一个反共声明,企图将解放区工会排斥出中国劳协。朱学范爷爷反其道而行之,公开发表了反对反共、反对排斥解放区工会的声明,给了一意孤行发动全面内战的国民党政府以沉重的打击。

从此,劳动协会和朱学范爷爷就走上了新的革命征途。为了维护中国工人运动的团结统一,为了建立一个独立、民主的新中国而奋斗。

32. 遭暗算香港"车祸"

国民党当局对朱学范爷爷的大义之举恨之入骨,决定派特务暗算。1946 年 11 月 25 日,是朱学范爷爷从上海飞赴香港的第十三天。虽已立冬,但香港的天气仍然温暖如春,没有一丝寒意。朱学范爷爷与友人一起去拜会中共华南局负责人,告诉他自己近来的情况和今后的打算。

中共负责人告诉他,最近各方民主人士云集香港,建议朱学范爷爷多与他们接触,团结起来共同反对南京国民党政府的内战政策。临别,还送给了朱学范爷爷许多共产党编印的学习资料。

当时,国民党反动统治集团正在发动内战,大陆各界人士都人心惶惶。香港虽然宁静,但朱学范爷爷的内心却极度不安。他认为,国民党当局不会善罢甘休,有某种意外事件正在等待自己的预感。这个预感,不幸最终得到了证实。

下午 3 时,从中共华南局负责人家里告辞时,负责人还再三告诫他,凡事要多加小心,不必要去的地方尽量不要去,不知底细的人坚决不来往。朱学范爷爷记住了共产党对他的关怀。

在皇后大道与友人告别后,朱学范爷爷雇了一辆黄包车。车慢悠悠地来到了庄士顿道英国海军俱乐部门前,忽然,一辆轿车直冲朱学范爷爷乘坐的黄包车。车夫一见情况不对,立即机灵地将车靠在道边。尽管如此,黄包车仍然被汽车撞翻,乘在车内的朱学范爷爷被甩出 3 米多远,当场昏了过去。这是明显的谋杀!

经路人抢救,朱学范爷爷被港英当局送进玛丽医院。医生检验结果:朱学范爷爷右肩骨折,需住院治疗。这次住院,朱学范爷爷一共花了 3 个月时间才把伤养好。

朱学范爷爷被撞伤的消息,经香港《华商报》报道后,令全国人民对国民党当局的凶残手段极为愤怒,国内外的慰问电纷至沓来。朱学范爷爷住院的第三天,周恩来副主席就派刘宁一代表中国共产党和解放区工会,专程从上海到香港玛丽医院慰问,还带来了解放区工会缴纳给劳协的会费,支持劳协在香港继续斗争。

中共领导人刘少奇、世界工联总书记从巴黎发来慰问电。《解放日报》《新华日报》《华商报》,以及上海、重庆的进步报纸,都刊登了抗议国民党政府、慰问朱学范爷爷的社论或文章。解放区工会的慰问电更是表达了工人阶级的深情:

> 惊闻先生在港遭蒋介石特务暗算,身受重伤,我们万分愤慨!先生领导劳协为国家独立、民主与工人阶级的团结和福利奋斗不懈,最近更毅然拒绝参加蒋记伪国大,拒绝接受蒋介石的无理反共要求,不屈不挠,中外人士同声景仰。我们为你的负伤不胜系念。希望早日康复,继续奋斗,争取最后胜利。解放区百万职工,誓作你的后盾。

在当时艰难的处境中,中国共产党和全国人民支持朱学范爷爷,坚定地与他站在一起,他的内心无比激动和感激。朱学范爷爷对刘宁一说:"感谢党中央!感谢毛主席、周副主席、少奇同志!"

33. 接受何香凝慰问

　　1947 年 1 月，廖仲恺夫人、国民党元老、著名的爱国民主人士何香凝女士，带着鲜花和水果，来到玛丽医院慰问朱学范爷爷。何香凝女士的到来，让朱学范爷爷感动万分。这里，我们要介绍一下廖仲恺遇刺事件。

　　廖仲恺是国民党左派领导人。1925 年 8 月 20 日，担任着中国国民党中央执行委员、国民政府委员、军事委员会委员、黄埔军校党代表的廖仲恺，被刺杀于国民党中央党部门外。

　　"廖案"发生后，国民党广州当局成立了由汪精卫、许崇智、蒋介石组成的"廖案特别委员会"，"授以政治、军事、警察全权，以应付非常之局势"。查办"廖案"，成为压倒一切的当务之急。从此，两个对中国近代史产生重大影响的人物汪精卫、蒋介石，得以跻身权力中心。廖仲恺的遇刺罹难事件，因此成为中国近代史上产生重大影响的事件。

　　历史是何其相似！如今，因为发表公开声明，因为拒绝参加蒋介石的伪国大，因为出走香港，朱学范爷爷也遭受了不明身份人的袭击！其幕后黑手，不言自明！何香凝的慰问，表达了这位革命前辈的凛然正气，表达了这位革命前辈对国民党、蒋介石的无比愤怒！

朱学范爷爷是第一次见到这位可敬的革命老前辈。她虽年近古稀,却性格开朗、精神矍铄。她老人家与朱学范爷爷侃侃而谈,平易近人、慈祥和蔼。朱学范爷爷早就仰慕其人,今日一见,真感三生有幸。交谈中,双方共同回忆了廖仲恺先生当年对劳工的爱护、支持,对廖仲恺先生当年的遇刺身亡,对朱学范爷爷今日的遇袭受伤,不胜感慨。

然后,何香凝女士从手提包里拿出两份《华商报》给朱学范爷看:一份是 1946 年 12 月 1 日的,上面登载着何香凝等民主人士庆贺中国人民解放军总司令朱德 60 大寿的致敬电:"延安。朱总司令勋鉴:欣逢六秩荣寿,普海同钦,同人等躬逢盛会,遥申庆祝之诚。谨电驰贺,并祝民主胜利。"

另一份报纸登载了 4 篇文章,都是 1947 年 1 月 1 日晚所发。一篇是何香凝等 9 位民主人士联名致宋庆龄、毛泽东等人的电文,公开反对国民党一党伪国大。一篇是致北京大学全体师生的电文,表达对美军"近竟侮辱北大女生,事后捏辞诬蔑,意图抵赖"的无比愤慨。一篇是致美国大使夫人的电文,希望她联合美国民主人士,以援助中国人民的民主运动。一篇是致美国民主人士的电文,希望他们组织考察团赴中国调查。

何香凝女士带来的消息,让朱学范爷爷感觉自己并不是孤军奋战,他的身后是一大批民主爱国人士,是全中国四亿同胞;何香凝女士的慰问,更增强了朱学范爷爷与国民党反动派,与独裁者蒋介石斗争的决心和信心!

分别的时候,何香凝女士问朱学范爷爷今后有什么打算,朱学范爷爷告诉她说,伤愈之后准备出国参加国际会议。

34. 严组织绸巾密写

　　鉴于国内反蒋民主运动的蓬勃发展,1947 年 5 月 4 日,朱学范爷爷受李济深之邀到李家密会,研究成立革命组织的意见。参加会议的还有何香凝、蔡廷锴等人。当时,大家情绪高涨,踊跃发言,普遍强烈要求尽快成立一个团结国民党内一切爱国民主力量的革命组织,与中国共产党合作,齐心协力推翻蒋介石反革命政权。

　　在会议上,李济深提出"三民主义同志联合会"(民联)、"中国国民党促进会"(民促)两个组织,是否并入新的革命组织的问题。针对这个问题,大家展开了热烈的讨论。主要有两种意见:一种认为,鉴于内战形势发展很快,同仁已分头与爱国的国民党军政人员进行了初步的联络。这些国民党军政人员大多表示支持,但由于种种原因,让他们站出来公开赞成推翻蒋政权,参加新组织,尚有难处。因此,与会不少人认为,要筹建新组织,只能依靠民联、民促,并由他们去团结策动爱国的国民党军政人员。

　　另一种意见认为,是否合并这两个组织,应尊重这两个组织尤其是两个组织主要领导人的意见。李济深说:"民联、民促在抗战胜利初期,为维护《双十协定》、政协决议,争取和平民主,做了大量的工作。他们曾公开打出反蒋的旗帜,他们曾有联合起来的要求。现在成立新的革命组织，正是联合起来的一个好机会。"

会议决定先做好几件急事：第一，由李济深、何香凝联名写信邀请民联、民促同志；第二，由朱学范赴大洋彼岸的美国征求冯玉祥的意见；第三，成立筹备小组，商讨组织名称并起草文件。

几天后，李济深再次召集朱学范爷爷等人到他家中开会，讨论密信内容，商定用秘密通讯办法，将信写在一块手掌大小的白绸巾上，全文如下：

> 国民党民主派，集中力量，正名领导，对内对外，紧要万分。盼先生等迅即来港，共同筹策一切。详情由蕴兄面报。

密信中的"蕴兄"即朱蕴山。他是著名的政治活动家，早年曾参与徐锡麟刺杀安徽巡抚恩铭事件。他是杰出的民主爱国人士，中国共产党的亲密战友，坚强的革命战士。新中国成立后，曾担任全国政协第五届副主席。

1946 年 5 月 20 日，南京、上海、苏州、杭州等地大中专学生 6 000 余人，赴南京举行联合示威大游行。结果被国民党军警打伤 100 余人，逮捕 30 余人，造成了震惊中外的五二〇惨案。朱蕴山接上海友人电报称：他若来沪，上岸即可能被捕。为密信上同志安全计，他没有去上海。

但得到口信的民主爱国人士陆续抵达香港，参加"民革"组织的创建。朱学范爷爷在接受联络冯玉祥的任务后，即赴美国、欧洲。这次欧美之行，一走就是三个月。他与冯玉祥将军的联络任务得到了圆满的结果：其一，冯玉祥完全同意成立一个革命组织；其二，朱学范爷爷也向冯玉祥将军汇报了密信的内容。冯玉祥表示，组织成立后，要团结一切爱国的国民党军政人员，才能分化国民党，有利于推翻蒋政权。

35. "走麦城"《伦敦宣言》

　　1947年11月,朱学范爷爷从香港赴巴黎,出席世界工联执行局会议。执行局会议由世界工联主席、副主席、总书记参加,会上讨论了是否将"马歇尔计划"列入下次执行局讨论议题。苏联、法国、意大利工会代表坚决反对,美国、英国、荷兰工会代表积极主张列入。举手表决时,朱学范爷爷投了赞成票。

　　所谓马歇尔计划,是美国国务卿马歇尔于1947年6月向美国国会提出的,对西欧各资本主义国家的经济援助计划。美国产联、劳联和英国职工大会都拥护这个计划,认为通过美国的经济援助,可使西欧国家备受战争破坏的经济得以恢复,工人得到就业的机会,从而改善其生活状况,同时也使美国的经济避免发生危机、保持繁荣。

　　其实,马歇尔计划的背后是美国当局更深刻的政治意图。它在战后以经济援助为幌子,企图把西欧变为美国垄断组织输出商品、资本的市场,从而从政治上、军事上操纵、控制西欧各国,使其成为美国进行反苏、反共的基地。马歇尔计划是美帝国主义世界扩张政策的组成部分,也是对欧洲人民、世界人民的经济侵略。

　　朱学范爷爷过去与美国产联领导人的关系很好,因此,当美国代表在会议期间向他进行游说的时候,没有及时识破马歇尔计划的欺骗性,在世界工联执行局举手表决时投了赞成票。执行局会议消息被报道后,巴黎的一些进步华侨工人来找朱学范爷爷,责问他为何同意马歇尔计划。侨居在美国、英国、法国的华侨工人,也纷纷来信来电指责他,有些言辞还非常激烈。

香港劳协总部全体同志,也联名寄来对时局的看法,明确提出反对美帝国主义的经济侵略计划。工人弟兄的指责,同志们的表态,使朱学范爷爷认识到自己在这个大是大非问题上,犯了错误,一时心情非常沉重。他联想到,当年7月,美国总统杜鲁门派特使来中国进行调查时,尽管发现了国民党官吏的腐败无能,但美国对国民党政府的经济和军事援助仍源源不断,还派来大批美军顾问帮助蒋介石打内战。

为了改正错误,挽回影响,朱学范爷爷毅然决然地去找刘宁一。当时刘宁一也非常生气,厉声地责问他:"你为什么要举手呢?这样做是违反中国工人阶级利益的!"朱学范爷爷回答说:"我很后悔,很难过,我犯了错误,请你帮助我解解围吧!"并向刘宁一表示,他要到伦敦去,研究一个善后的办法来补救。刘宁一表示同意。

朱学范爷爷带着沉重的心情来到了伦敦。一天,美国原驻华劳工参赞见到朱学范爷爷,他的第一句话竟是:"我向你祝贺,祝贺你赞成讨论马歇尔计划,马歇尔计划会给全世界带来繁荣的!"正在为此苦恼中的朱学范爷爷,只能苦笑着应付了几句,但他把补救的希望寄托在刘宁一身上。

果然,再见到刘宁一的时候,他对朱学范爷爷说:"我的意见,你是否发表一个反对马歇尔计划的公开声明。这样做,你就变被动为主动了。声明发表后,你就去东北哈尔滨。我陪你同去,你的工作到了哈尔滨再作安排。"最后,他告诉朱学范爷爷:"这是经过党中央同意的。"

朱学范听了刘宁一的话，心中的一块石头落了地，几天来的苦闷心情一扫而空，他微笑着对刘宁一说："好！有你这个解放区的主人陪我前去，事情就好办啦！"1948 年 1 月 8 日，朱学范爷爷在伦敦发表了《朱学范对于目前时局的宣言》。《宣言》严正指出：

什么是魏德迈计划？它是马歇尔计划的一部分，它是华尔街独占资本统治世界政策的一部分。我们只有彻底反对并击败魏德迈计划以及马歇尔计划，才能完成中国的独立、和平与民主。

36. 参与筹建新中国

　　朱学范爷爷发表《伦敦声明》后，新华社驻伦敦负责人对他说："你发表了宣言，留在伦敦是很危险的。国民党驻英使馆会勾结美国驻英使馆对你迫害。建议你赶快离开英国去别的国家。"

　　1948 年 2 月 28 日，朱学范在刘宁一等人的陪同下，辗转到达了东北解放区哈尔滨，受到了李立三、东北解放区、哈尔滨总工会的热烈欢迎。第二天，朱学范即致电毛主席、周恩来，表示愿意在中国共产党的领导下，参加伟大的革命斗争。电报全文如下：

　　毛主席、周副主席鉴：

　　　　学范已和宁一兄到了哈尔滨。在巴黎时，看到毛主席关于《目前形势和我们的任务》的报告。范完全同意并竭诚拥护这一彻底粉碎蒋政权，驱逐美帝国主义，实行土地改革，组织真正的人民民主联合政府，完成独立民主和平的革命事业的英明主张，所以范决心到了解放区，参加这一历史斗争。范深知这一行动，不只是我个人的问题，更相信还有不少真正孙中山信徒和广大的爱国人士，都要向这一方向前进，并肩作战，在你们的领导下，斗争到底，获得最后胜利。谨此向你们致革命敬礼！

朱学范

1948 年 2 月 28 日

民革中央主席李济深，非常赞赏朱学范的这份电报，认为是第一份代表民革向中共中央领导人，表示接受他们领导的电报。此话传到朱学范爷爷的耳朵里，他深受感动，觉得自己为民革的事业，发挥了一定的作用。

3 月 4 日，朱学范接到了中国共产党毛泽东主席、周恩来副主席的复电，全文如下：

朱学范先生：

接 29 日电示，欣喜先生到达哈尔滨，并决心与中国共产党合作，为中国人民民主革命的伟大的共同事业而奋斗，极为佩慰。我们对于先生的这一行动，以及其他真正孙中山的信徒的同样行动，表示热烈的欢迎。

此致中国人民民主革命的敬礼。

毛泽东、周恩来

1948 年 3 月 4 日

朱学范接到毛泽东、周恩来的复电，受到极大的鼓舞和安慰。他对《东北日报》记者畅谈了他对时局的看法，以及到达解放区后的愉快心情，表示：中国人民革命战争必胜，世界民主国家反美帝统一战线必胜。这种胜利只有在先进政党领导之下的人民民主大团结才有保证。中国内受蒋贼、外受美帝双层压迫的各民族、各阶层及各种职业的人民，只有在中共及毛主席领导之下，方能完成彻底解放自己的历史伟业。在反蒋的斗争中，决无中间路线可循。我之所以毅然来到解放区,即是要竭尽所能,投身此一伟大的革命事业,今后愿在毛主席指导之下,与解放区军民一道,为粉碎蒋政权,解放全中国人民而奋斗到底。

朱学范爷爷的这个谈话传到香港以后,对民革的同志产生了积极的影响,特别是毛泽东、周恩来的复电令他们尤感振奋。

37. 哈尔滨初会陈云

　　1948年8月1日,第六次全国劳动大会在哈尔滨胜利召开。7月31日的预备会议决定,将由大会产生的全国组织恢复历史上的光荣名称,定名为中华全国总工会。8月3日至4日,陈云在大会上作了《关于中国职工运动的当前任务》的报告。这是朱学范第一次见到陈云同志。

　　陈云是上海早期工人运动领袖之一。1925年8月22日,上海商务印书馆发行所近400名职工,在陈云领导下举行罢工。罢工当天发表宣言,提出要求资方承认工会,增加工资等八项条件。印刷所、总务处、编译所职工亦相继罢工,24日罢工人数即增至4 000人。至24日罢工结束,罢工取得胜利。这次罢工,是在五卅运动结束后,上海总工会被封闭的情况下进行的。这使上海工人阶级的战斗精神得到极大的振奋,因此,陈云给当时的朱学范留下了深刻的印象。可当时两位无缘相见。想不到时隔20余年,在第六次全国劳动大会上,在哈尔滨,朱学范终于见到了仰慕已久的陈云同志。

　　陈云的报告,首先讲了当前中国工人阶级的总任务:彻底推翻美帝国主义和国民党反动派在中国的统治,建立新民主主义的中华人民共和国。他号召全国工人阶级紧密团结自己、团结农民、独立劳动者、自由职业者、知识分子、自由资产阶级及开明绅士,建立反对美帝国主义和国民党反动政府的民族统一战线,在适当时机召开没有反动派参加的政治协商会议,讨论并实现召开人民代表大会,组织各民主阶级联合专政的人民民主共和国。

在长时间的报告中,全体代表始终聚精会神,认真聆听,会场十分安静。朱学范爷爷根据在国民党统治区从事工人斗争的经验,认为陈云的报告指出了中国工人阶级团结前进的正确方向,因此完全同意陈云同志在报告中提出的总任务,国民党统治区、解放区职工运动的主要任务和恢复中华全国总工会的建议。

陈云的报告结束以后,朱学范代表中国劳动协会,向大会提出了一个政治提案:建议大会响应中共中央关于"各民主党派、各人民团体及社会贤达,迅速召开政治协商会议,讨论并召开人民代表大会成立民主联合政府"的号召,并主张由中共召开;团结全国工人阶级,联合各民主阶层彻底粉碎国民党反动统治,反对美帝国主义侵略中国,建立新民主主义新中国;建议国统区工人阶级聚积力量,扩大队伍,准备迎接人民解放军;建议国统区工人阶级掌握政策,联合民族资本,共同反对帝国主义与官僚资本;建议国统区工人阶级,派遣熟练技术人员到解放区,来参加工商业建设,同时保护公私营企业及其工厂;建议国统区工人阶级保护自己的团体和领袖。

朱学范爷爷在第六次全国劳动大会上的这个提案,获得了各方面代表的一致通过。

38. 当选全总副主席

1948 年 8 月 10 日,朱学范爷爷向大会作《国民党统治区职工运动的报告》。他的报告共分五个部分:

第一部分介绍国民党统治区工人群众的政治状况和他们目前的奋斗目标。他报告说:国统区工人阶级在社会上、政治上没有一点地位,他们完全是帝国主义和官僚资本的奴隶,他们的生命被帝国主义和国民党统治者看得比牛马还不如,他们没有人权保障和基本自由,更没有组织工会的权利。现在,国统区的工人阶级,已经举起了为民主和平、拥护新民主主义新中国继续奋斗的旗帜。国统区职工运动目前的奋斗目标,就是反对美帝国主义侵略中国,推翻国民党反动统治。

第二部分介绍国民党反动派控制、杀害工人群众的大量事实。他说,在国统区,所谓的"工会法"是一个让控制工人阶级的法西斯组织得以合法存在的法律根据。国统区工人,为求自由,为改善待遇,就被拘捕、被枪杀的,不计其数;就是为提倡国货、抵制美货,也要受到同样的待遇。1947 年 2 月,上海三区百货职工在劝工大楼召开宣传会,数百名国民党特务突袭会场,工会负责人梁仁达竟被铁棍、枪把活活打死。1947 年 11 月汉口被服总厂发生工潮,被派来抓工人的特务被工人反抓,反动军警的机关枪射向了工人,打死 2 人、打伤 34 人。当朱学范爷爷在报告中介绍这些惨案时,会场里响起了代表们响亮的喊声:"为死难的工人兄弟报仇!"

第三部分介绍国统区经济崩溃情况下,工人阶级的悲惨状况。第四部分介绍国统区工人阶级反美反蒋的英勇斗争。他说:国民党政府的反动统治,促使工人阶级的阶级意识、政治觉悟大大提高。他们认识到自己之所以身陷饥馑,并不仅仅是个经济问题,更是一个独裁与民主、内战与和平的政治问题。他们虽然生活在蒋家匪帮的血腥刺刀下,但他们为着反对内战、反对饥饿,为着反对国民党的独裁统治,为着反对美帝国主义对中国的侵略,他们不愿做亡国奴,他们开展着爱国民主运动,来响应人民领袖毛主席领导的人民解放的伟大事业。

第五部分介绍中国劳动协会为全国工人阶级民主团结与人权保障作斗争的过程与情况。最后,朱学范爷爷指出,国统区的工人阶级,现正用最大的决心反对美帝国主义侵略中国,推翻国民党反动统治。他们相信,只有在中国共产党的领导之下,建立新民主主义的新中国,工人阶级及全国人民才能获得真正的自由和解放。报告结束后,朱学范爷爷带领全体代表高呼:"国民党反动统治一定消灭,新民主主义革命一定胜利!"

可能是因为连日的奔波,也可能是因为情绪过于激动,朱学范爷爷突然晕倒在讲台上。正在主席台上的陈云同志和李立三同志,立即将朱学范爷爷送到附近的铁路医院救治。经过大会选举,陈云以他在中国工人运动中的杰出贡献,在工人群众中的崇高威望,当选为中华全国总工会主席。而朱学范爷爷以其鲜明的政治态度,以其世界职工联合会副主席、中国劳动协会理事长的身份,当选为中华全国总工会副主席。

39. 参与组建新政协

　　新中国成立前夕,工作千头万绪,其中之一就是组建新政协。1948 年 10 月 8 日,中共中央派代表,持《关于召开新的政治协商会议诸问题草案》,前往朱学范爷爷等处,征求各民主人士的意见。中共中央的意见非常明确,那就是在南京反动政府系统下的一切反动党派及反动分子必须除外,新政协应由反美、反国民党反动统治、反封建、反官僚资本的各民主党派、各人民团体及无党派的民主人士的代表人士组成,也要邀请少数右派而不公开反动的分子参加。

　　10 月 21 日,第一次"新政协诸问题"座谈会在哈尔滨马蒂尔旅馆会议室举行。朱学范爷爷等 10 人出席,中共中央代表主持会议。会上,民主党派代表均表示同意中共中央"新政协诸问题"文件的意见,但希望尽快组建出席新政协的各单位。座谈会讨论了新政协的性质和任务,民盟沈钧儒老先生介绍说,旧政协是革命势力与反动势力面对面斗争的会议。蒋介石毫无诚意,旧政协其实就是在美蒋勾结下放出的和平烟幕弹,目的是为了争取时间发动内战。我们民盟为和平而奔走努力,结果不仅都归于徒劳,而且是上了一个大当。尽管如此,民盟为维护政协决议和反对内战、争取民主的斗争,赢得了全国人民的赞许。民盟和中共的关系益加亲密，促使民盟同志更加成熟、更加进步。

大家的发言颇为热烈。其中民革谭平山的发言较为系统，他说：现在中共号召的新政协，是代表人民利益的，因此决不允许反动分子参加。美蒋已成为中国人民的敌人，当然也不能参加，也不容许插手。新政协是由中国共产党和各民主党派、各人民团体以及社会贤达所组成的。新政协讨论的共同纲领，应该是新民主主义的政纲，绝不是旧政协的连欧美的旧民主都不如的政纲。同时，这个新政协，是中共和各民主党派分担革命责任的会议，而不是分配胜利果实的会议。为着争取革命的提前胜利，是要大家多负责任的。而领导的责任，更不能不放在共产党的肩上。这是历史发展上一种不容放弃的任务。

朱学范爷爷补充道，没有中国共产党的坚强领导，任何革命统一战线都是不能胜利的。新政协是中国人民民主统一战线的组织形式，参加新政协的各民主党派和民主人士必须根除"第三条道路"的幻想，坚决拥护共产党的领导。惟其如此，新中国才能强盛，孙中山先生救国救民的主张和革命的三民主义才得以真正的实现。

后来又举行了几次座谈会，详细讨论了参加新政协筹备单位的名单。这是新政协获得大团结成功的关键一步。11月25日，中共中央代表与在哈尔滨的朱学范爷爷等8位民主人士达成协议。至此，关于召开"新的政治协商会议诸问题"的讨论胜利结束。

朱学范爷爷和其他民主人士，为能光荣参加新政协的筹备工作并作出贡献而感到无比自豪。

40. 上海经济座谈会

　　上海经济座谈会,是在北京召开的。随着全国解放的步伐不断加快,如何管理国际大都市上海,被提上了中共中央重要的议事日程。1949 年 3 月 30 日至 4 月 20 日,在北京的从上海来的经济界著名人士,为研究讨论迎接上海解放的经济上的准备工作,在六国饭店举行了七次座谈会。先后参加座谈会的有朱学范爷爷等 20 余人。中共中央上海局书记刘晓同他的秘书陆象贤从 4 月起也参加了座谈会。

　　座谈会讨论最热烈的有两个问题。第一个问题是物价问题。国民党政府滥发金圆券,造成恶性通货膨胀,加速了它自己的垮台。国民党政府只收黄金,又无公开市场,造成老百姓对国民党政府的不信任,引起了资金外流、黄金走私、商业萧条。工人大量失业,民不聊生。因此,有人担心联合政府成立后,财力贫困;但币制改革势在必行,一定要控制好物价。这是一个应当重视的难题。

　　第二个问题就是,解放战争中农村包围城市。进入城市后,要以发展经济为中心,就应当对旧社会经济方面的人才予以足够的重视,要有选择地加以重用。这两条意见,得到了中央领导的重视。4 月 12 日,朱学范爷爷在座谈会上作了关于劳资关系的发言。他提出,接管上海的准备工作中有两个主要的问题:一是不能停工,一是劳资要密切联系。

对于处理劳资关系的问题,应把握住劳资两利、公私兼顾的政策。上海与东北、华北的情况不同,上海的工商业特别发达,私人企业多,各种财团的势力大,惯于操纵市场。因此,工会、工业会、商会和各业的同业公会,定要密切联系,把握住劳资两利政策,随时纠正左和右的偏向,才能把经济工作搞好。对于工会,过去反动势力控制严,造成了许多惨案,工人非常痛恨。因此,对被国民党控制的工会,必须一律停止活动。对于工人的控诉,如果有流血历史,一定要处理。

朱学范爷爷在发言中,对保护工人生活,一共讲了五个问题:一是工资问题。中华全国总工会不主张高工资政策,因为这将阻碍恢复经济,影响物价。二是工作时间问题。第六次全国劳动大会规定每天8—10小时。上海在1945年后,大部分为8小时,应予维持。三是福利问题。上海各工厂的职工福利,普遍偏重职员,而工人享受极少。解放后,应使工人能够普遍享受福利,并有参加管理福利事业的权利。四是工资发放问题。上海工人多,发工资与金融物价有关系。上海应掌握物资情况,在工资中发一部分实物,以避免物价波动而影响工人的实际生活。五是失业工人问题。国民党留下了大量失业工人,我们共产党不能不管。

最后,朱学范爷爷还提出了不要斗争清算资本家的主张。他认为,解放后,工人做了国家的主人,民族资本家也不再受官僚资本的压迫,双方都要按照毛主席的指示,根据发展生产、繁荣经济、公私兼顾、劳资两利的原则去进行自我教育。

朱学范爷爷的意见,对中国共产党顺利接管上海,起到了很好的作用。

41. 香山拜会刘少奇

　　朱学范对同为工人运动领袖的刘少奇同志仰慕已久,但一直无缘相见。1949年4月下旬,钟山风雨起苍黄,百万雄师过大江,人民解放军占领南京。在这样的大好形势下,由李立三陪同,在北京西郊香山,朱学范第一次见到了刘少奇。

　　刘少奇同许多伟大的无产阶级革命家一样,从年少时代起,就立下了为民族解放和复兴而奋斗的伟大志向。实现中华民族的复兴,首先要实现中华民族的解放,这就要进行革命斗争。刘少奇在莫斯科东方大学时,就表示愿意搞工人运动。1922年春回国后,被分配到中国劳动组合书记部。从此,他与中国工运结下不解之缘,参与领导了许多重要罢工。

　　作为主要领导人之一,刘少奇领导了安源路矿工人罢工。安源路矿是中国最大的近代工业企业汉冶萍公司的主体,拥有1万多工人。他作为工人俱乐部全权代表与路矿当局谈判,经过反复较量,路矿工人罢工获得胜利。这是在没有任何人员损失的情况下的全胜,为中国工运史上所罕见。

　　1924年9月,全国最大产业工会汉冶萍总工会成立,刘少奇当选为执行委员会委员长。二七惨案后,工人运动低迷,唯有安源工运得到巩固和发展。这是中国工运史的奇迹,刘少奇也因此成为著名的工运领袖。

刘少奇参与组建中华全国总工会,领导五卅运动。1925 年春,他告别安源,到广州参与筹备第二次全国劳动大会。负责起草大会文件;向大会作报告,强调民主革命的目标,是要推翻帝国主义、打倒军阀,实现民族解放。在这次会议上,刘少奇当选为中华全国总工会执行委员会副委员长。

会后不久爆发五卅运动,刘少奇赶到上海参与领导这场规模宏巨的大罢工。在反动势力准备实施大规模镇压时,他领导一些有影响力的大厂工人代表同厂方进行复工谈判斗争。五卅运动这一有二十多万工人参加的 3 个月罢工,是中国工运的空前壮举。刘少奇是这次工运的出色组织者之一。

朱学范与刘少奇同志一见面,就热烈地交谈起来。刘少奇详细地询问了劳动协会还有哪些人在香港,哪些人在国统区。朱学范一一作了汇报和介绍。当刘少奇知道劳动协会书记长还在香港时,就连声说:"那叫他快点来吧! 来吧,来参加新中国的建设嘛!"

朱学范请刘少奇对中国工会代表团出席世界工会第二次大会作指示。刘少奇说:"中国劳协已经以团体会员参加了中华全国总工会,实现了我国工人运动的团结统一。中国工会代表团应该十分注意国际工人运动的团结,积极支持各国工人阶级反对帝国主义、反对殖民主义的斗争。"

在取得全国胜利前夕,刘少奇把目光投向世界工人运动的团结统一,显示了老一辈无产阶级革命家的伟大气魄。这使朱学范十分感动。第一次会面,刘少奇就在朱学范脑海中留下了高大的形象。

42．参加北京新政协

　　1949 年 6 月 15 日，新政协筹备会在北京中南海勤政殿举行第一次全体会议。中国共产党、各民主党派、无党派民主人士、人民团体等 23 个单位，共 130 人出席会议。周恩来担任临时主席，毛泽东、朱德、朱学范等领导人在会上讲了话。

　　朱学范爷爷在大会上说："这次新政协会议筹备会的召开，一面宣告了国民党反动统治的灭亡，一面宣示了人民民主新政权即将建立。中国从此可以走上独立、民主、和平、统一的道路，世界上也将增加一个拥有四亿七千五百万人口的新民主主义国家，这增加了以苏联为首的世界民主力量。因此，新政协的召开，不仅是中国人民的大喜事，也是世界人民值得庆贺的大事。"

　　筹备会上，朱学范被划入以周恩来为组长的《共同纲领》起草小组。会议结束后，他就积极投入小组繁重的起草工作中。之后，新政协共举行了 8 次会议，完成了《中国人民政治协商会议组织法草案》《中国人民政治协商会议共同纲领草案》《中华人民共和国中央人民政府组织法草案》，并决定将新政协定名为"中国人民政治协商会议"。

　　1949 年 9 月 21 至 30 日，举世瞩目的中国人民政治协商会议第一次全体会议，在北京中南海怀仁堂隆重举行。出席会议的代表有634人,来宾300余人。由毛泽东等89人组成会议主席团,朱学范是主席团成员之一。主席台布置庄重大方,主席台后面墙壁的中央,并排高挂着孙中山和毛泽东的巨幅照片。照片的上方是中国人民政治协商会议的会徽,两旁是中国人民解放军的军旗。

大会宣布开幕后,军乐队奏起了中国人民解放军进行曲,同时,会场外鸣放礼炮。全体代表起立,热烈鼓掌。中共中央主席毛泽东致开幕词,他庄严宣告:"我们有一个共同的感觉,这就是我们的工作将写在人类的历史上,它将表明:占人类总数四分之一的中国人从此站立起来了!"

毛主席的讲话表达了中国人民共同的心声。朱学范长期以来为了与各国工会和工人阶级进行联络,在国际间奔走,听了毛主席的话,倍感亲切。是啊!为了实现这个目标,中国工人与中国人民付出了多么巨大的代价啊!9月25日,朱学范爷爷在中国人民政治协商会议上作了发言:"我今天代表中华全国总工会,代表中国工人阶级发言。全中国人民已经在中国人民政治协商会议的旗帜下巩固地团结起来了!"

发言结束时,朱学范爷爷振臂高呼:"中国人民大团结万岁!""中国人民政治协商会议万岁!""中华人民共和国万岁!""伟大的人民领袖毛主席万岁!"

1949年10月1日,首都北京30万人齐集天安门广场,隆重举行中华人民共和国开国大典。毛泽东主席亲手升起了第一面五星红旗,向全中国、全世界庄严宣告中华人民共和国成立了!

朱学范爷爷出席了开国大典,见证了这伟大的历史性时刻,心情无比激动。新中国的建立,使朱学范爷爷的人生如同整个中国的历史一样,翻开了新的一页。

43. 出任邮电部部长

在刚刚结束的中国人民政治协商会议第一次全体会议上通过的《中国人民政治协商会议共同纲领》《中华人民共和国中央人民政府组织法》中规定，"改善并发展邮政和电信事业""中华人民共和国政务院设立邮电部"。

会后，陈云同志到朱学范下榻的北京饭店看望朱学范，并告诉他，中共中央希望他在新中国中央政府里担任邮电部长，这让他感到意外。朱学范连忙推辞说，部长一职还是让共产党的老同志担任，他愿意做副手协助部长工作。陈云坚决地说："你是邮工出身，懂邮政业务，而且在 1936 年就去苏联考察过邮电建设；这件事中央已经定了，请你不要推辞。"

朱学范这时觉得，既然中央这么信任他，他应当为新中国的人民政府努力工作，这才对得起人民，于是就答应了陈云的要求。1949 年 10 月 19 日，中央人民政府委员会第三次会议，正式任命朱学范爷爷为中华人民共和国政务院邮电部部长。在第一次部务会议上，他对与会的邮政人员说："过去的人民邮政、电信业，已有光荣的历史，伟大的成功。随着今天伟大的建设，也可预知，一定有着伟大的将来。我们怎样去创造将来，这就必须遵照毛主席的指示，为人民服务，把邮政、电信搞好。"

对幅员辽阔、百废待兴的新中国来说,各项建设事业和民主改革,都需要邮电通信来传达政令、沟通信息、推进工作。但旧中国留给我们的是支离破碎的邮电设施,25％的县城没有邮政局,从北京寄到西藏拉萨的信,居然要绕道印度才能送达。就在这样薄弱的基础上,邮电部门坚持自力更生、艰苦奋斗的方针,依靠各级党组织、各级人民政府的支持,充分发挥邮电部门和广大职工的积极性。朱学范爷爷出任邮电部长后,经过三年的恢复期,初步形成沟通全国主要城市的通信系统,保证了通信的需要。朱学范爷爷在创建新中国的邮电事业中,作出了重要的贡献。

1950 年 7 月,邮电部召开各大行政区邮电管理局局长会议,讨论新的管理体制改革。会议认为,邮政和电信是全国新的国营企业,是社会主义性质的经济,只有高度集中管理,才能适应国家经济发展的需要。于是决定实行邮政、电信企业的合并。朱学范爷爷坚决执行中央和人民政府的这一决策。

不久,又进行了"邮发合一"的改革,即报纸杂志的发行,也由邮电部门来承担。朱学范爷爷认为,报纸、刊物是党和政府指导和联系群众的有力武器,在国家建设中,发挥着重要的作用。因此,发行工作是一个光荣的政治任务。

在朱学范爷爷和邮电系统广大干部职工的共同努力下,新中国成立初期的中国邮政事业,得到了迅速的恢复和飞快的发展。

44. 代表新中国参会

    1950 年 8 月,世界工联产业部邮电工会国际行政会议在捷克首都布拉格召开。6 月,中华全国总工会决定,派出以朱学范爷爷为团长的中国代表团出席。这是朱学范爷爷第一次以新中国代表团团长的身份出席国际会议。7 月 24 日,代表团从北京出发,全国总工会副主席刘宁一等百余人送行。经过 10 天左右的行程,经苏联抵达捷克首都布拉格。

    参加这次会议的有苏联、中国等 13 个国家的邮电工会代表。这些国家中,不但有加入世界工联的各国总工会所属邮电工会,而且也有已跟随英国、美国退出世界工联的国家总工会所属的邮电工会。

    这次会议讨论的主要问题是,如何进一步组织邮电工人为保卫世界和平而斗争。在邮电工会国际主席向大会作报告后,朱学范爷爷代表新中国邮电工会表示:"保卫世界和平的斗争,和世界邮电工人的利益是分不开的。保卫世界和平的斗争,应该是我们邮电工人最高的任务,因此,我们邮电工作者,要在世界的空间和地球的每一个角落,传播为保卫世界和平而斗争的声音和消息,普遍而有力地鼓舞勇敢的情绪,揭破美帝国主义的无耻造谣和侵略的野心,使世界一切爱好和平的人们,参加到和平民主的阵营中来,大大地增强世界和平民主力量。"

邮电工会的一位副主席向大会作了关于资本主义国家、殖民地、半殖民地国家中,邮电工人的经济、社会、政治情况的报告。报告结束后,朱学范爷爷当即发言指出,由于帝国主义者,首先是美帝国主义者所支持的反动势力,广泛地进攻劳动人民的切身利益,剥夺劳动人民的政治权利,殖民地、半殖民地国家的广大劳动人民,已团结了各民主阶级的爱国主义者,展开了强大的民族解放运动,从而成为保卫世界和平民主力量很重要的一部分。

然后,他代表中国代表团向大会提出四点建议:

第一,对于资本主义国家、殖民地及半殖民地国家的邮电工人组织,不论这个国家的总工会是否参加世界工联,或者已从工联退出,我们都应设法与他们主动联络,并给予兄弟般的帮助和支持;第二,使用一切工具和办法,把世界和平民主力量迅速高涨、不断取得胜利的消息传达给他们,鼓舞他们英勇斗争的情绪,并揭穿美帝国主义中伤、造谣和侵略的野心;第三,在殖民地、半殖民地的邮电工人,配合合法或非法的斗争,采取公开和秘密的行动,联合反对美帝侵略战争。各民族、各阶级团结一致扩大世界和平民主运动,增强民族解放斗争的力量;第四,号召全世界邮电工人,支持朝鲜人民的解放斗争。

会议结束后,朱学范爷爷率领代表团途经苏联于 10 月 1 日返回北京。

45. 赴朝慰问志愿军

在第二次世界大战中,美国是反法西斯战争的支持者和参加者。但是,二战结束以后,美国凭借其积累的政治优势和军事实力,发动冷战,企图建立全球霸权。1950 年 6 月 25 日,朝鲜战争爆发。

6 月 27 日,美国总统杜鲁门发出破坏远东和平、威胁世界安全的声明,派出美国海军和陆军参加对朝鲜的作战,并派出美第七舰队侵入中国领土台湾和台湾海峡。美李联军一度进攻至中朝界河鸭绿江边,直接威胁新生的中华人民共和国的安全。

在这样的形势下,中国人民的伟大领袖毛泽东主席果断发出命令:"着中国人民志愿军迅即向朝鲜境内出动,协助朝鲜同志向侵略者作战!"10 月 24 日,中国人民志愿军在彭德怀元帅的带领下,雄赳赳、气昂昂,跨过鸭绿江,一场轰轰烈烈的抗美援朝、保家卫国的战争随即展开。

11 月 5 日,民革在中国人民志愿军入朝参战 12 天后,召集在北京的中央委员、团委、中央机关及北京市委干部 100 余人,在民革中央会议厅进行座谈。邵力子先生作《分析美帝侵略战争和我们援朝的意义》的报告。柳亚子先生慷慨激昂地痛斥美帝国主义的侵略罪行,说:"来吧!我们不怕!第三次世界大战如果打起

94

来,美帝难逃失败的命运!"

会上,刚从欧洲参加世界工联产业部邮电工会国际行政会议回来的朱学范爷爷,作了《关于目前欧洲形势和德国问题》的报告。他指出:"欧洲的德国问题和亚洲的朝鲜问题是分不开的,同是世界和平的关键。全世界的劳动人民团结在和平阵营方面,这对于保卫世界和平是一个很大的贡献。"

11月8日的会议上,何香凝女士要大家记取"九一八"的历史教训,记取孙中山先生临终遗言"和平、奋斗、救中国",并建议民革中年轻的同志要参加中国人民志愿军,年长的同志要做好后方支援工作,并表示:"我可以动员民革党员家属去做救护工作。"

何香凝女士的发言,让朱学范爷爷想起了两次参加淞沪抗战的后援工作。他坚决支持何香凝的倡议,并就目前世界两大阵营的力量对比作了分析,指出朝鲜战争必然促使一切好战的帝国主义提早死亡。

1953年10月中旬,中国人民第三届赴朝慰问团,赴朝慰问在冰天雪地中艰苦奋战的志愿军战士。朱学范爷爷担任这个慰问团的副总团长,总团长是中国人民解放军十大元帅之一的贺龙。10月28日,赴朝慰问团在中国人民志愿军领导机关,隆重举行慰问大会。慰问团将一面绣着"抗美援朝胜利万岁!"的丝绒锦旗,献给了中国人民志愿军司令员彭德怀元帅。

朱学范爷爷以中华全国总工会副主席、慰问团副总团长的身份,代表祖国工人阶级,向"最可爱的人"表示祝贺和慰问。他告诉前方的将士,祖国的工人们正在开展增产节约劳动竞赛,"正在大力进行经济建设,加强国防力量,继续深入地开展抗美援朝运动"。

46. 献计献策强民革

随着中华人民共和国的建立,民革作为人民民主统一战线的成员,参加了中国共产党领导的多党合作和人民民主专政的国家政权,担负起新的历史使命。形势的发展迫切需要民革加强自身的思想建设和组织建设,此时,朱学范爷爷担任民革中央常务执行委员兼组织工作委员会主任,他开始协助民革中央主席李济深做好这项工作。

一次,李济深郑重地对朱学范爷爷说:"当初,我们成立民革,就是为了团结国民党内的一切爱国力量,从其内部瓦解并推翻蒋政权。现在三民主义同志联合会(民联)和中国国民党民主促进会(民促),都是孙中山的忠实信徒,可迄今尚未合并,应该进行调整。"

1949 年 11 月 12 日至 16 日,民革、民联、民促,及国民党中其他爱国民主人士共 58 人在北京开会,讨论合并问题。会议选举产生了由 45 名中央委员和 20 名候补中央委员组成的新一届中央委员会。李济深当选为主席,何香凝等 20 人为中央常务委员,朱学范爷爷当选为新的民革中央委员。

1949 年 11 月 23 日,朱学范爷爷与其他民革中央委员,在东皇城根南街民革中央机关举行第一次中常会。这次会议讨论最热烈的是设立"团结委员会"的问题。对此,形成两种意见:一种是同意设立团结委员会,但保留监察委员会,因为这是民革的特色,不应轻易取消;另一种意见是,需要安排的人数过多,这些人中很难分别安排"监委""团委",两者只能各取其一。

这次会议后,民革的工作逐步走上了正轨。过去,在香港、沈阳、北京饭店,围绕某一重点工作,往往组建临时班子进行工作;现在,各项工作都由各职能部门分工负责,各自开展工作。

一次,李济深邀请部分同志到他家中座谈。朱学范爷爷说:"民革有它的光荣历史,有它的进步性。组织工作应与宣传工作齐头并进。我们的历史任务,并不因为打倒蒋政权而终了,我们还有我们新的远大的任务。民革是统一战线的一员,要协助中共大力开展统战工作。""民革是各革命阶层的组合,把握阶级立场,开展批评与自我批评,都较为困难。我想,我们应多发展一些机关干部,并提出一个政治口号作基础。依靠这个基础发展组织,积极开展批评与自我批评,教育党员努力工作。"

这天晚上,朱学范爷爷故意迟走一步。等参加座谈会的其他人走了以后,他单独向李济深建议:抓一抓成员的思想工作,号召大家学习马列主义、毛泽东思想;做好香港同胞和海外侨胞的宣传工作。李济深肯定了朱学范爷爷的建议,后来经与何香凝、中共中央统战部协商,决定今后在发展新成员时,必须接受中国共产党的领导,坚持共同纲领的政治方向;并拟增设社会联系人士委员会。这两个决定,对于民革工作起到了重大的作用。朱学范爷爷对自己从中付出的努力,感到十分荣幸。

47. 秦城监狱关七年

这样一位对中国共产党忠心耿耿,新中国成立后在中华人民共和国首任邮电部长岗位上兢兢业业的老同志,却在"文革"中受到了林彪、"四人帮"反革命集团的残酷迫害,在北京秦城监狱关押7年之久,甚至长期不通知家属,不告诉他们朱学范爷爷的去向。

"文化大革命"开始后,1967年8月,朱学范爷爷的邮电部就被实行"军管"。他被停止了邮电部长的职务,由邮电部军管会领导全国邮电部的工作,邮电领导体制被打乱。1969年6月,国务院和中央军委通知撤销邮电部,分别组建中华人民共和国邮政总局和中华人民共和国电信总局。邮政总局由国务院直接领导,电信总局由军委总参谋部通讯兵部管理。

邮电部实行军管后的第二天,周恩来总理就亲自打电话给朱学范,并嘱咐他要与军管会领导合作。朱学范爷爷虽然不是邮电部长了,仍坚持天天上班;造反派不给他派车,他就在外孙的陪护下乘公共汽车上班。上班也没事干,他就在邮电部大院里看大字报。他看到不少大字报,在影射他是"漏网右派""国民党特务"。1968年8月23日,他终以"反革命"的罪名被逮捕,监押在北京的秦城监狱。

　　在秦城监狱一关就是 7 年,且不通知他的家属。很长一段时间,妻子华守梅不知丈夫朱学范的去向,儿女不知父亲的去向。直到 1971 年九一三事件发生,专案组才通知家属,可以去秦城监狱探望朱学范爷爷。于是,他的妻子华守梅,儿子朱培根、朱培兴、朱培康等,闻讯前去探望已久不见面的亲人朱学范爷爷。

　　朱学范爷爷见到亲人的第一句话就是:"我走的路是对的!""要坚信毛主席讲的实事求是!"此时,他的亲人才知道,在秦城监狱,朱学范爷爷每顿只能吃一个窝窝头。他为了保护肠胃,每顿总要向看守要两瓣大蒜。在监狱,朱学范爷爷从未吃过水果,这次,见到亲人前去探望时带来的柑橘,欣喜异常,连掉在地上的柑橘瓣,都要捡起来往自己的嘴里塞。

　　1973 年 10 月 30 日,陪伴他一生的妻子华守梅,因心脏病复发没有及时抢救而去世。儿子向专案组要求,让父亲出狱与母亲见最后一面,竟被拒绝,还说:"朱学范是反革命,怎么可以从监狱出来?你们死了这条心吧!"儿女们想方设法,通过多条路径向敬爱的周总理发出请求。7 天后,才接到专案组的通知,说:中央领导同意朱学范从狱中出来,向他的爱人遗体告别。可是,因为拖延太久,华守梅的遗体已经火化,朱学范爷爷见到的只是爱妻的骨灰盒。

　　1975 年 8 月,在周总理的帮助下,朱学范爷爷才得以出狱治病。给他治病的医生却被告知:"朱学范是反革命!"1976 年 1 月 8 日,周恩来总理因病逝世。朱学范爷爷听到这一噩耗,悲痛欲绝,他呼喊:人民的好总理啊! 我再也见不到您啦!

48. 百废待举复民革

1976年10月,中共中央对祸国殃民的"四人帮"实施逮捕,标志着"文革"的结束,也预示着一个新的时代的来临。虽然思想的僵化依然存在,但厚厚的冰层已开始融化,中华民族的创造力又重新激活,即将重启民族复兴的伟大之举,朱学范爷爷的人生也进入了一个新的阶段。

此时,他已经是一位72岁的老人了。但他从秦城监狱出来后,立即投入了恢复民革的工作中,他首先拜访的是91岁的朱蕴山。朱蕴山曾参与过徐锡麟刺杀清朝巡抚恩铭的事件,参与筹建了农工党,也是民革的主要创始人和领导人之一,曾担任中国人民政治协商会议副主席。相见之时,两位老人拥抱良久,感慨今生还有共事的机缘,兴奋莫名。

1977年12月,民革临时领导小组成立。朱学范爷爷亲自处理了大量的来信来访,对来信的一字一句亲自过目,批注意见,送交民革中央机关核办。1978年8月11日,他出席了民革中央举行的在京常委座谈扩大会,就民革恢复工作问题交换了意见。朱学范爷爷在会上提出了三条建议:一是因何香凝等老一辈民革领导人的离世,迫切需要加强领导层的力量,才能继续发挥民革的影响和作用;二是必须调入一批骨干力量,特别是疏散在外、年纪较轻的民革机关干部,他们有工作经验,有利于恢复工作;三是立即恢复民革中央机关各部委,在目前干部缺少的情况下,可以先成立综合办公室。

1978 年 9 月 5 日,民革中央临时领导小组在北京饭店举行宴会,招待由美国回来探亲的、已故主席李济深的女儿李筱梅女士。通过开展这些活动,朱学范爷爷觉得地方上有人才,民革对外有优势,必须团结一切可以团结的力量,首先把对外有影响的人士吸收到领导岗位上来。

1978 年 12 月,中共中央举行十一届三中全会,这次会议成为一个伟大的历史转折点。会议批判了"两个凡是"的错误方针,高度评价了关于真理标准问题的讨论,确定了解放思想、开动脑筋、实事求是、团结一致向前看的指导方针,决定把党的工作重点转移到社会主义现代化建设上来。我国的统一战线和民主党派工作,就此进入一个新的历史发展期。

1979 年 1 月 5 日,民革中央召开全体工作人员大会,宣布成立民革中央机关落实政策工作组。9 月 18 日,召开民革中央临时领导小组扩大会,朱学范爷爷作了"对台工作座谈会"情况报告。1979 年 10 月,民革第五次全国代表大会召开,王昆仑致开幕词,朱蕴山作《团结起来,为实现四化和祖国统一的伟大任务而奋斗》的报告。朱学范爷爷作关于修改民革章程的报告,陈此生致闭幕辞。

大会选举产生了由 145 人组成的中央委员会,朱蕴山为主席,朱学范为副主席。这次大会与民革第四次全国代表大会相距 21 年,是民革同志饱受各种迫害、不幸之后的盛会。大家欢聚一堂,共议恢复民革工作的大计,额手称庆。民革中央机关迁回原址办公,一切又开始走上正轨。

49. 任人大副委员长

　　1982 年 9 月,民主党派领导人应邀以来宾身份,参加中国共产党第十二次全国代表大会。邓小平在这次会议上发表了重要讲话,他指出:统一战线在民主革命时期是一个重要的法宝;在社会主义建设时期,它仍然发挥着十分重大的作用。他表示,中国共产党要继续坚持长期共存、互相监督、肝胆相照、荣辱与共的方针,加强同各民主党派、无党派民主人士、少数民族人士和宗教界爱国人士的合作。必须尽一切努力,进一步巩固加强由全体社会主义劳动者、拥护社会主义的爱国者和拥护祖国统一的爱国者组成的,包括台湾同胞、港澳同胞和海外侨胞在内的最广泛的爱国统一战线。

　　1987 年 12 月,朱学范爷爷在民革六届五中全会上当选为民革中央主席。他表示:"我愿以老骥伏枥的精神,全力以赴。"1988 年 11 月,民革第七次全国代表大会召开,选举新一届中央委员会,朱学范爷爷再次当选为民革中央主席。全国政协主席邓颖超在贺信中说:"喜闻你当选民革中央主席,特向你致以热烈的祝贺。近来两岸的形势有了新的发展,贵党和你更可以取得新的发展。关于统一祖国实行一国两制,你和贵党的同志们定能取得新的发展和新的成绩。"邓颖超的贺信给了朱学范极大的鼓舞。

一次,邮电学院副教授沈鑫偕邮总顾问李雄来看望朱学范,希望他以老邮电部长的身份推动台海两岸的通邮问题。1949 年国共两党举行通邮谈判的时候,他俩都是国民党方面的代表,现在都是民革成员。1982 年 11 月 18 日,朱学范爷爷向中共中央对台工作领导小组,递交了"关于成立对台通邮研究小组的请示报告",他还多次在报刊上发文呼吁两岸通邮。这些文章大都在香港和海外报刊上转载。朱学范爷爷在这些文章中呼吁:"在历史上,很多处于交战状态的双方,始终保持着邮务上的信件往来。""30 多年来,骨肉亲友不能团聚,信函问讯无处通达。这是完全违反世道人情的事情,该多么令人痛心!""'三通'是和平统一的先声,通邮又是'三通'的先声。"台湾当局在两岸人民的敦促下,终于允许台湾红十字会转信。

1981 年 12 月 13 日,朱学范爷爷当选为全国人大常委会副委员长。从此,他又开始了我国对外交往的工作。他先后出访多个国家,接待了 5 大洲 45 个国家的 79 个访华友好代表团。在对外交往中,朱学范爷爷总要向客人介绍中国工会的组织情况和工人阶级在社会主义革命和建设中发挥的作用,希望两国工会组织和工人不断加强合作和友谊。

如,1982 年 11 月 22 日,朱学范爷爷率中国人大代表团,对澳大利亚进行友好访问。澳大利亚参议院议长哈罗德·扬在欢迎辞中说:在 4 月访华时,他看到中国人民正在为中国实现现代化而努力工作。中国不仅希望在和平的环境中生活,而且正在为维护和平作出重大贡献。朱学范爷爷表示,自从 10 年前中澳两国建交以来,两国之间的关系不断加强。中澳两国之间的友好合作关系,对亚洲和太平洋地区的和平和稳定具有重大的意义。

50. 力推邮电现代化

朱学范爷爷晚年,一直在做两件大事:一是致力于祖国统一大业,一是力推邮电现代化。他以古稀之年,为推动中国沿海城市的通信改革,先后应邀到北京、天津、上海、广州、福州、烟台等开放城市,调查邮电通信紧张状况,与地方政府领导、邮电干部,研究如何加快改革的步伐,实现通讯的现代化。

1984 年 6 月,朱学范爷爷应上海市市长汪道涵的邀请,到上海指导邮电通信改革,制定邮电发展规划。在上海 3 周,召开 9 次座谈会,邀请工程技术专家、管理干部共同协商,写成《关于加强上海邮电通信建设,缓和通信紧张状况的汇报提纲》。在这个提纲中,提出六条战略性的措施:积极采用程控交换和光缆传输新技术;将旋转制设备逐步更新为程控设备;实行管线先行,改变机线失调状况;加快实现国际电话自动直拨;大力改善邮政运输条件;利用上海技术和协作优势,开展与邮电部的合作等。

在这个提纲中,提出了一个重要的观点,认为邮电建设的发展速度不应滞后于国民经济的发展速度,也不应与国民经济的发展保持同步,而应适度超前。后来,朱学范爷爷又应中共烟台市委书记、天津市市长的邀请,帮助制定了《加快通信改革步伐的发展规划》《建设电信枢纽大楼的规划》。在总结了多地发展通信的

路子和经验之后,朱学范爷爷提出几点经验供其他城市借鉴:

一是依靠国家给予的政策,充分调动各方面的积极性。邮电部门要破除独家经营、官商作风,实行国家、地方、集体、个人一起上的局面,多渠道、多层次地开展工作。上海市的经验是,市内电话贯彻"以话养话"方针,资金不足部分,由地方通过拨款、贷款、集资等方式予以解决;邮政和长途电信一级干线的投资,由邮电部统一安排;所需外汇由邮电部和上海市共同支持解决。

二是依靠技术进步,用先进技术改造通信网。当时我国电话装备只相当于世界上 50—60 年代水平。振兴邮电事业,根本出路在狠抓技术改造、技术进步,充分利用国际有利条件,积极引进程控交换设备、光纤通信、卫星通信的新技术、新装备和生产流水线,提高中国的通信科学水平。在技术引进上,要从实际应用出发,既要考虑技术的先进性,又要考虑经济的合理性和设备的成熟性。在引进的同时,搞好消化、吸收,从而发展我们自己的信息产业,培养自己的技术人才与经营管理人才。

三是采用若干应急措施。大量采用线路复用技术,使一条线能当几条线用;实行有线无线综合利用,发展数字微波、移动通信;结合更新老设备,腾出机房改装程控设备;增加程控和光缆的引进项目;实行电话复式计次收费,控制用户占线时间;在缺线区设置临时人工交换点;鼓励居民承包小交换机,谁举办,谁得益;等等。

朱学范爷爷提出的关于发展邮电通信设备的建议,具体细致,操作性强,受到了国家领导人的重视,推动了中国邮电事业的健康发展。

51．致力祖国统一业

1979年元旦，中央人民广播电台《新闻联播》节目和当天的《人民日报》，均发表了全国人大常务委员会《告台湾同胞书》。当天下午，朱学范爷爷即与民革中央其他领导人一起参加全国政协座谈会。

座谈会由全国政协主席邓小平主持并讲话，他说："把台湾归回祖国、完成祖国统一的大业提到具体的日程上来了。"座谈会上，朱学范爷爷作了发言，他认为：《告台湾同胞书》起着总动员的作用，不但动员大陆人民，而且也动员着海峡彼岸的同胞，正所谓祖国统一人人有责，随着时间的推移会越来越证明这一点。

在中共中央和平统一祖国方针的影响下，港澳和海外原国民党军政人员及其后代相继回来。1980年11月，朱学范爷爷等民革中央领导人，宴请李宗仁的儿子李幼邻。在此前后，他接待了很多国民党元老及其子女到访大陆。这些知名人士回国探亲、访友、定居，都与民革领导人广泛接触。他们都对祖国采用和平方式解决统一问题深表赞赏，并表示愿为统一大业尽一份炎黄子孙的心意。在接待过程中，朱学范爷爷越来越觉得，民革开展的对台工作是卓有成效的。

1981年夏季，民革对台工作出现了新气象。在大陆的台属通过各种渠道主动寻找台湾亲人，台湾也有不少大陆去台人员要求寻找亲人。一股寻亲热兴起之后，民革组织和成员积极投入到这项工作中去。有的利用海外关系为台属寻找台湾的亲人、传递邮件，有的受海外亲人的委托去台湾为去台人员寻找大陆亲人。随着互寻亲友工作的展开，知道亲人下落之后，便要求民革协助转信。民革中央祖国统一工作委员会和一些地方组织协助他们办理出入境手续。

1981 年 10 月 9 日，北京万人集会，隆重纪念辛亥革命 70 周年。全国人大委员长叶剑英主持大会，中共中央总书记胡耀邦发表重要讲话。朱学范爷爷在人民大会堂听了胡耀邦的讲话后，对其中两点体会特别深：一是"我们共产党人和全国各族人民，都把新民主主义和社会主义革命的胜利，看作是辛亥革命的继续和发展，对于领导辛亥革命的孙中山先生和他的同志们抱着崇高的敬意。对于孙中山先生的崇敬和怀念，至今仍然是把中国大陆和台湾联系在一起的强大精神纽带"。二是"我今天愿以共产党负责人的身份，邀请蒋经国先生亲自来大陆和故乡看一看，愿意谈谈心当然好，暂时不想谈我们一样热烈欢迎"。

朱学范爷爷之后就建议有关部门成立"孙中山研究会"，并认为，叶剑英的"九条"、胡耀邦的邀请，必然会在台湾引起反响，今后回来看看的"三胞"必将倍增。1982 年 1 月 24 日上午，中共中央、国务院在人民大会堂举行春节团拜会。党和国家领导人同首都各界人士 5 000 余人，欢聚一堂、喜气洋洋，共同辞旧迎新。在国家副主席李先念讲话以后，朱学范作为全国人大副委员长讲话，他说："在欢度今年春节的时候，我们深切怀念台湾的骨肉同胞和阔别多年的老同学、老同事、老朋友，向他们致以节日的祝贺！叶剑英委员长的九条建议、胡耀邦主席的重要讲话，为台湾回归祖国、实现和平统一，打开了新的局面，给海峡两岸的同胞带来了新的希望。"

　　1990 年 2 月 3 日,朱学范爷爷在《解放日报》发表《愿有生之年,见祖国统一》的文章。可惜,他老人家的愿望至今未能实现。

52. 魂归故里葬家乡

1996年1月7日,朱学范爷爷因病在北京逝世。4月10日,他老人家的骨灰被安葬在家乡的枫泾公墓。作为全国人大常委会副委员长的朱学范爷爷逝世后,不是安葬在八宝山革命公墓,却安葬在家乡,这究竟是什么原因呢?这里还有个曲折的故事!

16年前,也就是1980年5月的一天,上午9点,北京,朱学范爷爷居住的四合院大门口,来了两位风尘仆仆的客人:一个矮胖,年纪稍大,名徐锦春,枫围乡党委委员;一个瘦长,年纪略轻,名叶木连,枫围电讯器材厂厂长。只见他们怯生生地按响了门铃,门开了,"你们是什么人?"门里的人严肃地问。两人赶紧道:"我们是朱老家乡来的,有事想拜访朱老。"

门里的人操起了警卫室的电话,一会儿,只见他放下电话,热情地对客人说:"朱老在大厅里等候,你们进去吧!"两人进了大门,穿过甬道,进了大厅。朱学范爷爷健步上前,紧紧地握住了徐锦春、叶木连的手,连声说:"欢迎!欢迎!"

两位客人连忙递上了从家乡带来的丁蹄、蹄筋、枫泾豆腐干。朱学范爷爷收下后高兴地说:"很多年没有吃到家乡的特产了!"说完,亲自动手为客人沏茶。

那他们为什么千里迢迢从枫泾来到京城拜见朱学范爷爷呢?

原来是枫围电讯器材厂生产经营遇到了困难,想让曾经担任过邮电部部长的朱学范爷爷提供帮助。在朱学范爷爷的帮助下,事情得到了圆满的解决。因此,两人想请朱学范爷爷吃顿饭表示感谢,结果反而是朱学范爷爷请他们去家里赴宴。两人连忙推辞:"您请我们吃饭,这怎么好意思呢?"朱学范爷爷亲切地说:"没关系!我们一起聚聚。没有外人参加,由我女婿黎业超烧菜,女儿朱培英和我,陪你们。"

席间,气氛温馨祥和,两人提议:"朱老,新中国成立后,您从未回过家乡。什么时候,您来看看家乡的变化。"朱学范爷爷愉快接受了邀请。叶木连又问:"我们多次到您府上,怎么没有看见过您夫人?"朱学范爷爷沉痛地说:"文革中,我在牛棚里待了7年。我的夫人华守梅因受我的牵连,有病没有得到及时治疗,1973年就过早去世了。骨灰盒安放在家中,还未入土。"

徐锦春提议:"朱老,古语说'叶落归根',能否让您的夫人归葬您的家乡枫泾呢?"朱学范爷爷听闻此言,脸上立刻露出了喜色,忙说:"这是好主意!待我与子女商量商量。"

1981年早春的一天,朱学范爷爷在全国解放后第一次回故乡。第二天,朱学范爷爷在上海浦江饭店宴请家乡的父母官。席间,朱学范爷爷仔细询问了夫人归葬事宜,特别问清了费用问题。当时一块墓地大约600元,赴宴的乡镇领导表示,由政府从有关经费中列支。朱学范爷爷坚决不同意,表示费用必须由他出,并当场拿出600元交给了枫泾公墓的负责人王清华。

1982年4月22日,朱学范爷爷和他的儿女朱培根、朱培英带着夫人华守梅的骨灰盒从北京飞抵上海,又坐火车来到枫泾。然后,朱学范爷爷乘镇上的消防艇由水路到达公墓。叶木连等人陪着朱培英捧着骨灰盒步行。

在公墓休息室,叶木连对朱培英说:"按照我们枫泾当地的习俗,夫妻二人应该是葬在一起的。能否在您母亲墓穴旁安排一个'喜坑'?"朱培英显得为难的样子,因为这件事不能与父亲商量。她与同来的朱培根商量后,在母亲墓穴旁预留了父亲朱学范的位置。

1996年1月7日,朱学范爷爷在北京病逝,享年91岁。党中央决定,1月19日在北京举行"朱学范同志遗体告别仪式",并明确指示,朱学范同志的家乡要派人参加。1月18日,中共金山县委书记叶维华,金山县人民政府县长程志强,金山县人民政府办公室主任金小毛,枫泾镇党委书记高雪明一行四人专程赶往北京。当天晚上,四人带着家乡人民的重托,带着无限的崇敬和哀思,前往朱学范爷爷家中吊唁并慰问。朱学范爷爷的儿子、民革中央秘书长朱培康等家属接待了家乡来的亲人。

朱培康说:"父亲朱学范生前遗愿,要求将骨灰安葬到家乡枫泾镇。党中央已经批准了这个请求。"四位家乡的领导当场表态:"一定遵照党中央的决定,按照朱学范同志的遗愿,认真细致地做好各项准备工作,争取早日让朱老入土为安。"双方随即商定,安葬时间在清明节前后。

1996年4月10日上午,经过了近三个月的精心筹备,"朱学范同志骨灰安葬仪式"在枫泾公墓内隆重举行。金山县人民政府县长程志强,代表中共金山县委、县人大、县政府、县政协致辞:"松高入云德被华夏垂英名,叶落归根泽留故乡仰遗风。我们一定要学习朱学范同志革命精神、爱国情操和高尚品德,艰苦创业、扎实工作,把金山建得更美好,以此告慰朱学范同志的在天之灵。"

2014年,朱学范墓地与位于枫泾镇新泾路的朱学范故居,一起被列为上海市文物保护单位。

外圆内方朱学范

——《朱学范爷爷的故事》编后记

朱学范（1905—1996），上海市金山区枫泾镇人，我国杰出的爱国民主战士和政治活动家，中国工会领导人，中华人民共和国邮电部第一任部长，全国人大常委会副委员长，中国国民党革命委员会第六、七届中央主席、第八届名誉主席。1996 年 1 月 7 日在北京逝世。4 月 10 日，朱学范的骨灰归葬于家乡上海市金山区枫泾公墓。2014 年，朱学范墓地与位于枫泾镇新泾路的朱学范故居一起，被列为上海市文物保护单位。

我很早就知道朱学范，也知道朱学范是新中国第一任邮电部长。但真正"接触"朱学范是在 2009 年，那一年，枫泾中学陆旭东校长让我编写校本教材《一景一故事》。其创意是给校园中的"一树、一景、一花、一木、一石、一碑"赋予人文的含义。我精心挑选了与枫泾中学历史发展有关的各界人士、校友 28 人，编撰了他们与枫泾中学的故事。朱学范的故事被排在第一个，不仅因为他是这 28 人中职位最高的，更因为与他有关的景点在校园的大门口。只要你一走进枫泾中学，第一眼看到的就是"腾飞中华"的雕塑，而这个雕塑大理石基座上的"腾飞中华"4 个字就是他老人家题写的。

为了写好他的故事,我去枫泾公墓抄录了朱学范墓碑背面的铭文,查阅了《枫泾中学校庆纪念册》上学校首任校长怀仁先生的回忆文章:1944年8月,当乡绅叶慕庭、叶大中父子创立枫泾中学(时名"澄志中学")时,准备聘请怀仁先生为首任校长。是否接受聘任,怀仁先生有过犹豫。恰巧此时他的老同学朱学范从莫斯科参加国际劳动会议,回枫泾为父母营葬,便前去请教。朱学范问清事情的原委后对他说:"为地方办学校是好事,希望你能担起责任。"这才使怀仁先生下决心参与学校筹建。可以说,正是朱学范的一席语重心长的话,最终催生了枫泾中学。

2019年暑假前夕,学校党总支书记丁金其郑重地约我去总支办公室谈话。一进门就指着办公桌上摞得高高的4大本书,对我说:"教育局顾宏伟书记点名要你写朱学范。"我听后深为吃惊!我?一个普普通通的语文教师,还在带教高三毕业班的语文教师,有资格、有能力、有时间写他老人家吗?可我是党员,我必须服从上级领导的指示,我必须极尽所能完成上级党组织交托的任务。于是,在6月8日送走参加完高考的学生之后,我开始阅读4大本厚厚的著作,它们是:朱学范著,团结出版社1990年版《我与民革四十年》;朱学范著,福建人民出版社1991年版《我的工运生涯》;全国人大常委会朱学范同志处编,团结出版社1992年版《朱学范文集》;陆象贤、刘宋斌著,团结出版社2005年版《朱学范传》。

这4本著作,是朱学范的家属在北京当面交给顾宏伟书记的。当时,他们要求顾宏伟书记安排合适的人选,将他们的父亲介绍给金山区的学生,让家乡的青年一代了解老一辈革命家的学习、工作、战斗生活;了解老一辈革命家曾经面临着怎样的生死考验;了解老一辈革命家曾经怎样运用智谋,为祖国的强盛而努力奋斗的故事!

"这是我们金山教育人义不容辞的责任!"顾宏伟书记毅然接

下了这个任务。回金山后,考虑再三,他决定将任务交给我。不仅因为朱学范是枫泾人,还因为我在 2017 年为枫泾中学美术教育的开创者顾世雄老师写了一本传记《顾世雄》,已由中国美术学院出版社出版。学校党总支副书记兼校长陆旭东鼓励我说:"你有《顾世雄》的基础,应该能写好!"

在编撰的过程中,我不断加深着对朱学范的认识:他老人家真是一个充满着智慧的政治家、工运领袖!为了顺利开展工人运动,他加入了上海的青帮,拜杜月笙为先生;为了顺利开展工人运动,他与各国工会组织积极交往;为了顺利开展工人运动,他积极联络中国共产党;为了工人运动的壮大,他毅然决然与蒋介石彻底决裂;为了全国工人运动的统一,他坚决拒绝排斥解放区工会的指令!他是一个外圆内方的工人运动领袖!他是一个有智谋、有原则的国家级领导人!

我非常惋惜我没有更早一点"接触"朱学范,研究朱学范!如果我能早一点接触朱学范、研究朱学范,我的人生道路就会顺畅得多!过去的我,遇到"大山"挡道,就会自不量力地去猛撞;可是,大山是多么坚固啊,凭我一己之力怎能撞毁?唯有落个"头破血流"而已;如果我有朱学范的智慧,有水的智慧,我就会选择"绕"过去,照样能奔向我的人生大海!我惋惜知之太晚,因为我已临近退休,事业之路已近尾声!

但,江山代有才人出!我们的年青一代需要人生的智慧,需要像朱学范那样的大智若愚!我想,这,正是这本《朱学范爷爷的故事》意义之所在!

本书编写的方法:尊重历史事实,讲述真实的朱学范故事,尽量采用生动活泼的文笔。针对本书读者主要为金山区初、高中学生的情况,突出地域性、可模仿性,将与朱学范相关的历史人物姓名尽量隐去,主要叙述朱学范的斗争历程,及从事工人运动的谋略,给青少年学生成长、成才以切实的启发。每个故事既独立成篇,又延续成线,力争全面反映朱学范从一个不谙世事的学童,成长为中国乃至世界著名工人运动领袖的过程。

全书分 52 个故事,每个故事约 1 000 字,全书约 60 000 字。采用青少年学生所喜闻乐见的故事形式,力图全面反映朱学范在中国新民主主义革命、社会主义革命、改革开放、建设中国特色社会主义过程中,丰富多彩而又生动有趣的学习、斗争、工作历程。

最后,我要感谢为本书顺利出版而付出辛勤劳动的有关领导和朋友:感谢民革中央原副主席、朱学范之子朱培康,他老人家以八十岁的高龄,逐字逐句地审阅书稿,并约请现任民革中央副主席郑建邦题写了书名。感谢金山区教育工作党委顾宏伟书记接受朱学范亲属的委托,并亲自关心、落实书稿的编写任务,将任务交给了我,使我有机会从事这项光荣的任务。感谢金山区教育局黄萍副局长,在我编写遇到困难的时候,及时给我以指点,要求我不仅讲故事,也可以讲史实。这一指导,打开了我的思路,使随后几十个章节的写作异常流畅。感谢枫泾文史研究会会长、枫泾朱学范故居顾问丁四云先生,他不断地鼓励我坚持写作,并联系朱学范亲属,解决我在写作过程中遇到的困难。感谢枫泾中学党总支书记陆旭东,在编写本书的过程中,给我提供单独的办公室,使我终于完成了本书的编撰。最后,感谢上海人民出版社编辑同志的辛勤劳动,使本书能得以顺利出版。总之,衷心感谢在本书编撰过程中,给予我各种各样帮助的领导和朋友们!

徐建国

2020 年 9 月 5 日

图书在版编目(CIP)数据

朱学范爷爷的故事/金山区教育局编;顾宏伟,黄
萍主编;徐建国编撰. —上海:上海人民出版社,
2021
ISBN 978 - 7 - 208 - 17052 - 0

Ⅰ.①朱… Ⅱ.①金… ②顾… ③黄… ④徐… Ⅲ.
①朱学范-传记 Ⅳ.①K827＝7

中国版本图书馆 CIP 数据核字(2021)第 0666678 号

责任编辑 张晓玲 张晓婷
封面设计 一本好书

朱学范爷爷的故事
金山区教育局 编
顾宏伟 黄 萍 主编
徐建国 编撰

出 版	上海人民出版社	
	(200001 上海福建中路 193 号)	
发 行	上海人民出版社发行中心	
印 刷	常熟市新骅印刷有限公司	
开 本	890×1240 1/32	
印 张	4	
插 页	2	
字 数	79,000	
版 次	2021 年 5 月第 1 版	
印 次	2021 年 5 月第 1 次印刷	

ISBN 978 - 7 - 208 - 17052 - 0/K · 3075
定 价 25.00 元